LE TRÉSOR DE L'ENFANCE
Nouveau Cours d'Enseignement élémentaire
Par H. HURÉ et J. BRARE

PETITE
GÉOGRAPHIE-ATLAS

PREMIÈRE PARTIE

À L'USAGE

Des Élèves du premier âge et des Classes élémentaires

RENFERMANT

TREIZE CARTES COLORIÉES A TEINTES PLATES

SAVOIR

1. Une Mappemonde.
2. Une carte explicative des termes relatifs aux terres et aux eaux.
3. Une Europe physique.
4. Une Europe politique.
5. L'Asie physique et politique.
6. L'Afrique physique et politique.
7. L'Amérique physique et politique.

8. L'Océanie.
9. Une France physique.
10. Une France politique comparative.
11. Une France politique (ou Ministère).
12. Terre promise et royaumes de David et de Salomon.
13. La Palestine ou Terre Sainte, au temps de N.-S. Jésus-Christ.

AVEC TEXTE EN REGARD DE CHAQUE CARTE ET NOTIONS ÉLÉMENTAIRES DE GÉOGRAPHIE

PAR J. BRARE

DEUXIÈME ÉDITION

PARIS
LIBRAIRIE DE L'ENFANCE ET DE L'ADOLESCENCE
F. BRARE ET FILS, ÉDITEURS
RUE DE LA HARPE, PRÈS LA PLACE SAINT-MICHEL

LE TRÉSOR DE L'ENFANCE
Nouveau Cours d'enseignement élémentaire
Par H. HURÉ et J. BRARE

PETITE
GÉOGRAPHIE-ATLAS

PREMIÈRE PARTIE

A L'USAGE

Des Élèves du premier âge et des Classes élémentaires

RENFERMANT

TREIZE CARTES COLORIÉES A TEINTES PLATES

SAVOIR :

1. Une Mappemonde.
2. Le tracé explicatif des termes relatifs aux terres et aux eaux,
3. Une Europe physique.
4. Une Europe politique.
5. L'Asie physique et politique.
6. L'Afrique physique et politique,
7. L'Amérique physique et politique.
8. L'Océanie.
9. Une France physique.
10. Une France politique comparative.
11. Une France politique et ecclésiastique.
12. Terre promise et marche des Hébreux dans le désert.
13. Palestine ou Terre-Sainte, selon le partage des douze tribus.

AVEC TEXTE EN REGARD DE CHACUNE ET EXERCICES ET DEVOIRS GÉOGRAPHIQUES

PAR J. BRARE
Ancien chef d'institution

DEUXIÈME ÉDITION

PARIS

LIBRAIRIE DE L'ENFANCE ET DE L'ADOLESCENCE
J. BRARE ET Cⁱᵉ, ÉDITEURS
7, RUE DE LA HARPE (PRÈS DE LA PLACE SAINT-MICHEL)

GÉOGRAPHIE-ATLAS

Le plan de ce petit ouvrage est une œuvre collective.

Il a pour inventeurs les vrais expérimentés de l'enseignement, les nombreux instituteurs qui nous l'ont tracé. Habitués à le mettre en pratique, bien que très-imparfaitement, à cause de la disposition ordinaire et peu commode des cartes, ils ont pu, par les résultats obtenus, conjecturer ceux sur lesquels ils peuvent compter par la pratique exacte et complète de leurs procédés.

Ces procédés, on les trouvera tout tracés dans ce petit ouvrage.

Les numéros d'ordre des leçons qui accompagnent les cartes correspondent à autant de questions, indiquées par les mots imprimés en caractères saillants, et les réponses sont fournies par les termes mêmes du texte.

Toutes nos cartes sont *demi-muettes*, et, pour ce qui est de celles de l'Europe et de la France, elles deviennent, par rapport les unes aux autres, de véritables *cartes muettes*, avec l'avantage des points d'indication.

Les maîtres qui ont l'heureuse habitude de préparer verbalement la leçon à leurs élèves, mettent déjà en pratique le point de départ de notre méthode.

Pendant la préparation verbale du maître, l'élève suit sur la carte qui lui a été désignée, et se rend bien compte de la valeur et de l'importance des chiffres et lettres de renvoi, pour le placement de certaines villes, de certains accidents géographiques.

De nombreux exercices suivent les leçons. Ils deviennent l'objet d'autant de devoirs que l'élève écrit, et dont la correction, à haute voix par le maître, devient la préparation d'une leçon sous une forme nouvelle.

Ainsi l'élève écrira et récitera ensuite, comme suit, la leçon du nᵒ 7 de l'Europe physique, page 6.

Les lacs de l'Europe sont :

1ᵒ Les lacs *Saïma*, *Ladoga*, *Onéga* et *Peïpous*, situés au centre-nord de l'Europe; entre la mer Baltique et la mer Blanche; au N.-E. de la première et au sud de la seconde; par rapport au lac *Ladoga*, le Saïma est situé au N.-O., l'Onéga au N.-E., le Peïpous au sud;

2ᵒ Les lacs *Wener*, *Vetter* et *Mœlar*, etc.

Pour ce qui regarde l'étude particulière de la France, à laquelle nous avons fait une large part dans cette *Géographie-Atlas*, on verra, en lisant attentivement l'indication des exercices et devoirs, à la page 17, à quel degré de connaissances l'élève parviendra, en peu de temps, pour cette partie si importante de la géographie.

On ne négligera pas l'usage si fructueux du calque des cartes complètes ou partielles.

5 — Paris, Imprimerie H. Carion, rue Bonaparte, 64.

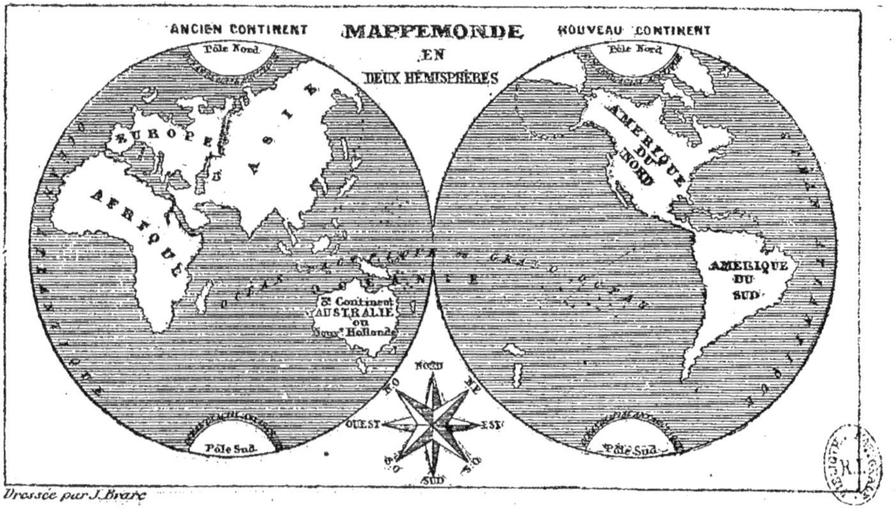

Dressée par J. Brare.

1. La GÉOGRAPHIE est la description de la terre.

2. La TERRE est à peu près ronde. L'orange avec ses aspérités et ses deux côtés opposés aplatis, représente assez bien la forme de la terre, dite aussi GLOBE TERRESTRE.

3. On nomme PÔLES les deux extrémités aplaties de la terre. Le froid y est excessif.

4. On nomme LEVANT, EST ou ORIENT, le point où le soleil paraît se lever le matin; COUCHANT, OUEST ou OCCIDENT, celui où il paraît se coucher, le soir; MIDI ou SUD, celui où il se trouve au milieu du jour, c'est-à-dire à *midi;* et NORD ou SEPTENTRION, le point opposé au *midi.*

5. Sur les cartes, le NORD se place en haut, le SUD en bas, l'EST à droite et l'OUEST à gauche.

6. Ces quatre points, qui servent à déterminer la position relative des différentes parties de la terre, se nomment POINTS CARDINAUX.

7. Il y en a encore quatre autres, dits COLLATÉRAUX; ce sont : le NORD-EST (N.-E.), entre le *nord* et l'*est;*

Le SUD-EST (S.-E.), entre le *sud* et l'*est;*

Le NORD-OUEST (N.-O.), entre le *nord* et l'*ouest;*

Et le SUD-OUEST (S.-O.), entre le *sud* et l'*ouest.*

8. La MAPPEMONDE est la représentation figurée du globe terrestre. La mappemonde en deux HÉMISPHÈRES n'est autre chose que la figure du globe qu'on aurait séparé d'un pôle à l'autre, en deux parties égales, lesquelles auraient été aplaties pour laisser suivre d'un coup d'œil les divisions de la terre.

9. Le globe terrestre se compose de TERRE FERME et D'EAU. L'eau couvre plus des deux tiers de sa surface. Sur les cartes, elle est figurée par les ombres.

10. Les *terres* sont divisées en cinq parties, dites les *cinq parties du monde*, qui sont : l'EUROPE, l'ASIE, l'AFRIQUE, l'AMÉRIQUE et l'OCÉANIE.

11. On nomme CONTINENT une vaste étendue de terre que l'on peut parcourir sans être obligé de traverser l'eau.

12. Il y a TROIS CONTINENTS : l'*Ancien,* qui est aussi le plus grand, comprenant l'EUROPE, l'ASIE et l'AFRIQUE; le *Nouveau,* découvert en 1492 par Christophe Colomb, et composé des deux AMÉRIQUES; le *troisième* formé de l'AUSTRALIE ou NOUVELLE-HOLLANDE.

13. On appelle OCÉAN ou MER la vaste étendue d'eau salée qui couvre la portion la plus considérable du globe.

14. L'océan se divise en quatre parties principales; ce sont d'abord :

L'Océan GLACIAL ARCTIQUE au *nord,*

L'Océan GLACIAL ANTARCTIQUE au *sud.*

On les appelle aussi *mers polaires,* en raison de leurs positions par rapport aux pôles.

Il y a ensuite :

L'Océan ATLANTIQUE, qui baigne l'*Europe,* l'*Afrique* et les deux *Amériques,*

Et l'Océan PACIFIQUE ou GRAND-OCÉAN, qui baigne les deux *Amériques,* l'*Asie,* l'*Afrique* et l'*Océanie.*

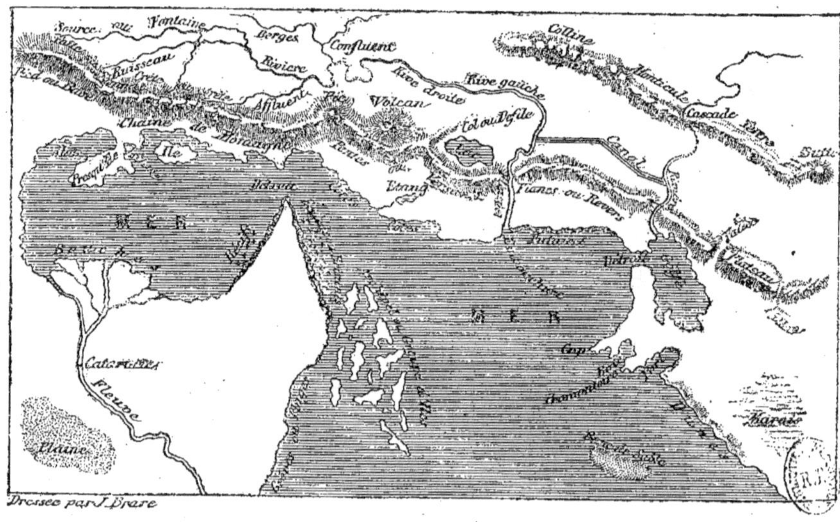

DÉNOMINATIONS DES TERRES ET DES EAUX

15. Les eaux répandues sur la surface du globe et les terres qu'elles baignent prennent différents noms, suivant leurs différentes formes, les espaces et les positions qu'elles occupent.

TERMES RELATIFS AUX EAUX

I. — Eaux marines

16. On donne généralement le nom de MER à une étendue d'eau moins considérable que les océans.

17. On appelle GOLFE une portion de mer qui s'enfonce dans les terres.

18. Une BAIE, RADE OU ANSE est un petit *golfe* où les vaisseaux peuvent se mettre momentanément à l'abri des vents.

19. Un PORT OU HAVRE est une petite *baie* disposée par la nature ou le travail des hommes, de manière à offrir un abri sûr aux vaisseaux, et les moyens de les charger et de les décharger des marchandises qu'ils transportent.

20. Un DÉTROIT est une portion de mer resserrée entre deux terres et mettant en communication deux mers ou deux parties de mer.

II. — Eaux douces ou continentales

21. Un LAC est une étendue d'eau dormante entourée de toutes parts par les terres.

22. Un ÉTANG est un petit *lac*.

23. Un MARAIS est une sorte de *lac* si peu profond qu'il laisse certaines plantes s'élever au-dessus de ses eaux croupissantes, et que l'été vient souvent dessécher.

24. On nomme SOURCE OU FONTAINE l'endroit où l'eau sort de terre pour prendre son cours.

25. En coulant à la surface, les *sources* forment des RUISSEAUX.

26. Un TORRENT est un cours d'eau rapide produit par les pluies et qui ne dure pas.

27. Une RIVIÈRE est un cours d'eau formé par la réunion de plusieurs ruisseaux.

28. Un FLEUVE est un grand cours d'eau formé par la réunion de plusieurs rivières et qui se jette dans la *mer*.

29. On nomme EMBOUCHURE d'un *fleuve* l'endroit où il se perd dans la *mer*.

30. Quand un *fleuve* a plusieurs *embouchures*, elles prennent le nom de BOUCHES.

31. On nomme CONFLUENT l'endroit où deux cours d'eau se réunissent.

32. On appelle AFFLUENT un cours d'eau qui vient se perdre dans un autre plus important.

33. Un CANAL est une sorte de *rivière* creusée par les hommes pour mettre en communication les cours d'eau entre eux ou avec la mer.

34. On nomme LIT d'un cours d'eau, LIT de la mer, la place occupée par leurs eaux.

35. On appelle CHUTE OU CATARACTE l'endroit où un *fleuve* ou une *rivière* tombe brusquement d'un *lit* plus élevé dans un *lit* plus bas.

36. On nomme CASCADE la *chute* d'un *ruisseau*.

37. On donne le nom d'ÎLE à un espace de terre entouré d'eau de tous côtés.

Les habitants d'une *île* sont appelés *insulaires*.

38. Un ÎLOT est une petite *île*.

39. On nomme BANCS DE SABLE des amas de sable qui s'élèvent, dans le lit de la mer, presqu'à la surface de l'eau.

40. Au lieu de *sable*, quand ces amas sont formés de *rochers*, on les appelle ÉCUEILS OU BRISANTS.

41. On nomme RÉCIFS une suite d'*écueils* réunis.

C'est contre ces élévations, presqu'à fleur d'eau, que viennent *échouer* et se *briser* les vaisseaux.

42. On appelle GROUPE d'îles ou ARCHIPEL la réunion de plusieurs îles.

43. On nomme PRESQU'ÎLE OU PÉNINSULE un espace de terre entouré d'eau presque de tous côtés. Un côté seul retient la *presqu'île* au *continent*.

44. Un ISTHME est une langue de terre qui unit la *presqu'île* au *continent*.

45. On nomme CÔTES les contours des terres baignés par la *mer*.

46. Quand les *côtes* sont formées de *terres* et de *roches escarpées*, elles se nomment FALAISES.

47. Quand elles sont formées d'élévations de *sable*, elles s'appellent DUNES.

48. Si les côtes sont plates et unies, on les appelle GRÈVES OU PLAGES.

49. Les endroits où les côtes s'avancent en pointes élevées dans la mer se nomment CAPS, PROMONTOIRES OU POINTES.

50. On donne le nom de RIVES aux bords qui retiennent l'eau d'un courant dans son *lit*.

51. On appelle BERGES des rives très-élevées.

52. La *rive* est dite RIVE DROITE OU RIVE GAUCHE, suivant qu'elle est à la droite ou à la gauche de la personne qui suit le cours de l'eau.

53. On nomme MONTAGNE une grande élévation de terre.

54. Une COLLINE est une élévation de terre moins considérable qu'une *montagne*.

55. Les élévations moindres que la *colline* prennent, suivant leur degré de hauteur, les noms de MONTICULES, TERTRES OU BUTTES. Celles-ci sont moins élevées.

56. Le point le plus élevé de toutes ces hauteurs se nomme FAÎTE OU SOMMET; le plus bas s'appelle PIED OU BASE.

57. Quand la *montagne* a son *sommet* très-élevé et affectant à peu près la forme d'un pain de sucre, elle se nomme PIC.

58. Un VOLCAN est une montagne qui, par intervalles, vomit par une ouverture, à son sommet, nommée CRATÈRE, des matières enflammées nommées LAVES.

59. On nomme CHAÎNE DE MONTAGNES une suite de *montagnes* réunies par leurs *bases*.

60. La ligne culminante d'une *chaîne de montagnes* se nomme CRÊTE OU ARÊTE.

61. On nomme VALLÉE un espace prolongé entre les *montagnes* et les *collines*.

62. Un VALLON est une petite *vallée*.

63. Les passages étroits entre les *montagnes* ou les *collines*, ou entre celles-ci et la *mer* se nomment DÉFILÉS, GORGES OU COLS.

64. Une PLAINE est une étendue de terre unie et sans pentes sensibles.

65. Un PLATEAU est une *plaine* élevée ou le *sommet* aplati d'une *montagne*.

66. On nomme FLANCS OU REVERS les pentes des montagnes.

67. On appelle VERSANTS les revers opposés d'une *chaîne de montagnes*.

68. La LIGNE DE PARTAGE DES EAUX est la ligne culminante ou *arête* qui établit le point de départ des eaux de deux *versants* opposés.

69. On nomme BASSIN d'un *fleuve* l'espace de terre arrosé par les eaux qui viennent, soit des montagnes, soit des plaines, se perdre dans ce fleuve.

EUROPE PHYSIQUE

1. L'Europe est la plus petite des cinq parties du monde. Elle s'étend sur une surface d'environ 10,000,000 de kilomètres carrés.

2. Elle a pour *limites* :

Au nord, l'*Océan glacial Arctique* ; à l'est, l'*Asie* : au sud, la mer *Méditerranée* ; à l'ouest, l'*Océan Atlantique*.

Nota. La récitation des leçons et des exercices qui suivent doit se faire :
1° Sur la carte politique, p. 9 ;
2° Sans carte.

3. Les *mers* qui la baignent sont :

1° L'*Océan glacial Arctique* et
2° La mer Blanche, formée par lui ;
3° L'*Océan Atlantique*, qui forme :
4° La mer d'Irlande ;
5° La Manche ;
6° La mer du Nord ;
7° La mer Baltique ;
8° La mer *Méditerranée*, qui forme :
9° La mer Ionienne ;
10° La mer Adriatique ;
11° L'Archipel ;
12° La mer de Marmara ;
13° La mer Noire ;
14° La mer d'Azof ;
15° La mer Caspienne, qui ne communique avec aucune autre.

Exercice : Ecrire et réciter ensuite ces mers, en indiquant leur position par rapport aux points cardinaux et collatéraux, et par rapport les unes aux autres.

4. Les principaux *golfes* sont ceux :

1° De Bothnie ; 2° de Finlande ; 3° de Livonie ; 4° du Zuiderzée ; 5° de Bristol ; 6° de Gascogne ; 7° du Lion ; 8° de Gênes ; 9° de Tarente.

Exercice : Ecrire et dire par quelles mers sont creusés ces golfes, leur position par rapport aux points cardinaux et collatéraux, et par rapport les uns aux autres.

5. Les principaux *détroits* sont ceux :

1° Du Cattégat ; 2° du Skager-rack ; 3° du Pas-de-Calais ; 4° de Gibraltar ; 5° de Bonifacio ; 6° de Messine ; 7° d'Otrante ; 8° de Constantinople ; 9° d'Iénikalé.

Exercice : Ecrire et dire ensuite la position de ces détroits par rapport aux points cardinaux et collatéraux, et par rapport les uns aux autres. Quelles mers ils font communiquer ?

6. Les principaux *isthmes* de l'Europe sont ceux :

1° De Corinthe ; 2° de Perécope.

Exercice : Quelle est leur position ? Par quelles mers sont-ils produits ou resserrés ?

7. Les principaux *lacs* sont les lacs :

1° Saïma ; 2° Onéga ; 3° Ladoga : 4° Peïpous ; 5° Melar ; 6° Wener ; 7° Yetter ; 8° Balaton ; 9° de Genève.

Exercice : Ecrire et dire ensuite la position de ces lacs par rapport aux points cardinaux et collatéraux, par rapport aux mers et aux golfes qui les avoisinent, et par rapport les uns aux autres.

8. La *ligne de partage des eaux* en Europe part du N.-E. au S.-O., et établit deux grands versants : celui de l'Océan et celui de la Méditerranée.

9. Les principaux *fleuves* tributaires de l'*Océan* sont :

1° La Petchora ; 2° la Dwina ; 3° l'Onéga ; 4° la Duna ; 5° le Niémen ; 6° la Vistule ; 7° l'Oder ; 8° l'Elbe ; 9° le Weser ; 10° le Rhin ; 11° la Seine ; 12° la Loire ; 13° la Garonne ; 14° le Minho ; 15° le Douero ; 16° le Tage ; 17° la Guadiana ; 18° le Guadalquivir ; 19° la Tamise ; 20° le Shannon ; 21° le Glomen.

Exercice : Ecrire et dire ensuite dans quelles parties de l'Océan, mers ou golfes, se perdent ces fleuves, en suivant l'ordre de leur importance au point de vue de la longueur du parcours.

10. Les principaux *fleuves* tributaires de la *Méditerranée* sont :

1° L'Oural ; 2° le Volga : 3° le Don ; 4° le Dniéper ; 5° le Dniester ; 6° le Danube ; 7° l'Adige ; 8° le Pô ; 9° l'Arno ; 10° le Tibre ; 11° le Rhône ; 12° l'Ebre.

Exercice : Ecrire et dire ensuite dans quelles parties de la Méditerranée, golfes ou mers, se perdent ces fleuves, et suivre l'ordre de leur importance au point de vue de la longueur du parcours.

11. Les principales *chaînes de montagnes* de l'Europe sont :

1° Les Ourals ; 2° le Caucase ; 3° les Carpathes ; 4° les Balkans ; 5° les montagnes Helléniques ; 6° les Apennins ; 7° les Alpes ; 8° le Jura ; 9° les Pyrénées ; 10° les montagnes Ibériques ; 11° les Grampians ; 12° les Scandinaves.

Exercice : Déterminer la position de ces chaînes par rapport aux points cardinaux et collatéraux, par rapport les unes aux autres, par rapport aux mers, aux golfes, aux lacs qui les avoisinent. Indiquer celles qui donnent naissance aux fleuves.

12. Les *volcans* à citer en Europe sont :

1° L'Hécla ; 2° le Vésuve ; 3° l'Etna.

Exercice : Où se trouvent-ils par rapport à la mer ?

13. Les *îles* et les *groupes d'îles* remarquables sont :

1° Les îles d'Aland ; 2° les îles d'Œsel ; 3° de Seéland ; 4° de Setland ; 5° les îles Fœroer ; 6° l'Islande ; 7° les Hébrides ; 8° l'Irlande ; 9° la Grande-Bretagne ; 10° les îles Baléares ; 11° la Corse ; 12° la Sardaigne ; 13° l'île d'Elbe ; 14° la Sicile ; 15° l'île de Malte ; 16° les Ioniennes ; 17° l'île de Candie ; 18° l'Archipel.

Exercice : Désigner dans quelles mers et à quelles parties se trouvent ces îles.

14. Les principaux *caps* sont les suivants :

1° Cap Nord ; 2° cap Cléar ; 3° cap Lézard ; 4° cap Finistère ; 5° cap Saint-Vincent ; 6° cap Matapan.

Exercice : Désigner dans quelles mers et à quelles parties se trouvent ces caps.

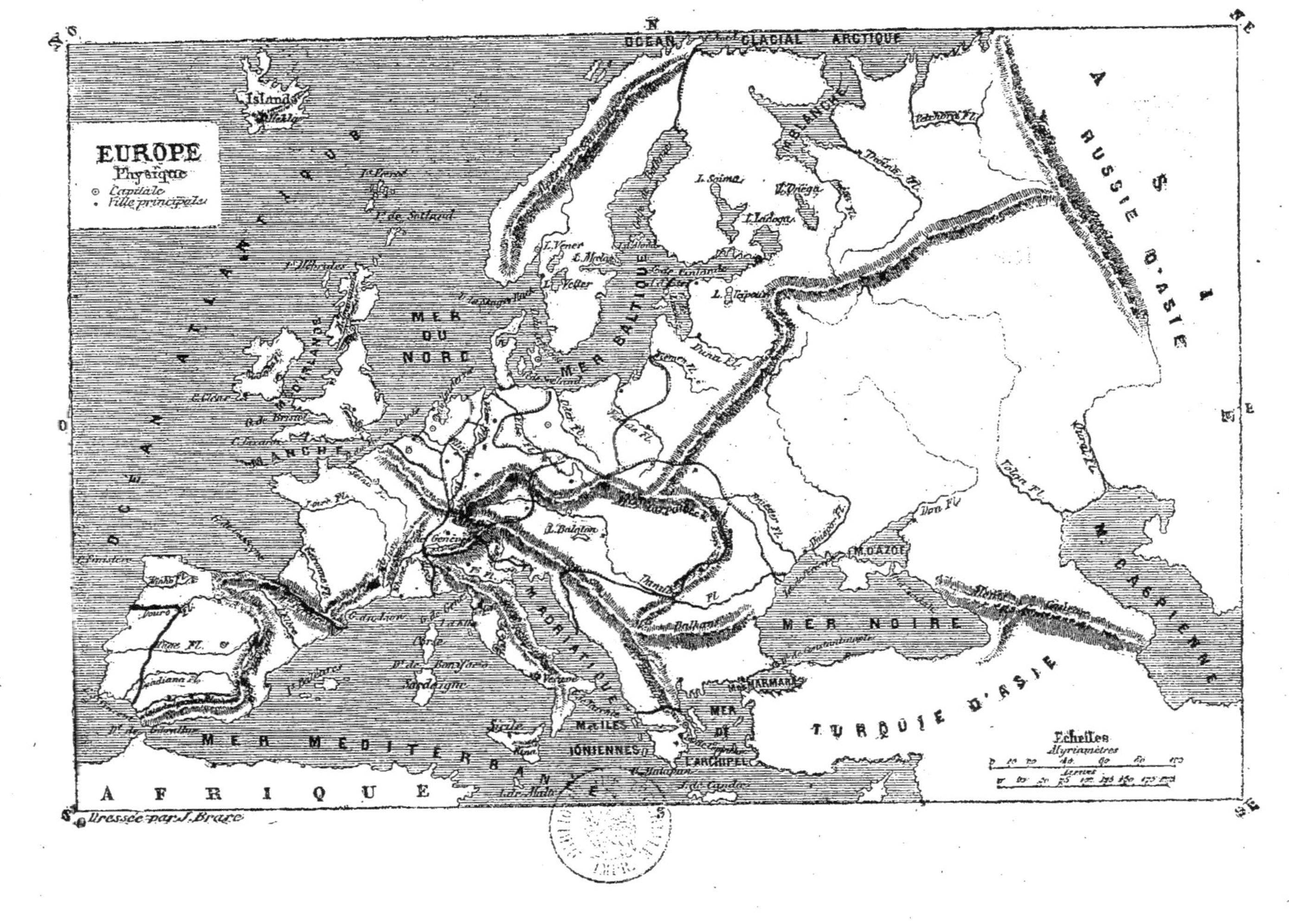

EUROPE
Physique
Capitale
Ville principale
OCÉAN GLACIAL ARCTIQUE
RUSSIE D'ASIE
ASIE
M. BLANCHE
MER DU NORD
MER BALTIQUE
Islande
MANCHE
OCÉAN ATLANTIQUE
MER ADRIATIQUE
MER NOIRE
M. D'AZOF
M. CASPIENNE
TURQUIE D'ASIE
MER DE MARMARA
M. DES ILES
IONIENNES
ARCHIPEL
MER MÉDITERRANÉE
AFRIQUE
Sardaigne
Sicile
L. Balaton
Genève
Échelles
Myriamètres
Dressée par J. Brace

EUROPE POLITIQUE

1. L'EUROPE est la plus petite, mais aussi la plus importante des cinq parties du monde.

2. Sa population s'élève presque à 260,000,000 d'habitants, gouvernés par des empereurs, des monarques constitutionnels ou des Etats fédératifs.

3. La religion dominante est le christianisme, qui comprend : le catholicisme, le protestantisme et la religion grecque.

4. L'Europe renferme 16 Etats principaux ou contrées, dont 4 au nord, 7 au milieu, 5 au sud.

5. On appelle *Etat* ou *contrée* un pays dont les habitants sont soumis aux mêmes lois, ou dont les parties sont réunies sous une dénomination commune.

NOTA. La récitation des leçons et des exercices ci-dessous doit se faire :
1° Sur cette carte ;
2° Sur la carte physique, p. 7 ;
3° Sans carte.

Les quatre contrées du nord sont :

6. Les ILES BRITANNIQUES (h. 28,000,000 — G. M. — R. P.) (1). Elles comprennent : 1° l'*Angleterre*, cap. Londres, et 2° l'*Ecosse*, cap. Edimbourg, qui forment une île ; 3° l'*Irlande* (île), cap. Dublin ; 4° les *Hébrides* et quelques autres îles.

V. pr. : 1° Liverpool ; 2° Birmingham ; 3° Bristol ; 4° Douvres ; 5° Portsmouth ; 6° Plymouth ; 7° Glasgow ; 8° Cork.

EXERCICE et DEVOIR : Dire la position (2) des Iles Britanniques et si cette contrée est :
1° Cotoyée par des mers et des golfes, et lesquels ? et en quelles parties ?
2° Arrosée par des fleuves, et lesquels ? et en quelles parties ?
3° Traversée par des montagnes, et lesquelles ? en quelles parties ?
4° Séparée par des détroits, et lesquels ? en quelles parties ?
5° Avoisinée par des îles, et lesquelles ? en quelles parties ?

(1) h. habitants. — G. gouvernement. — R. religion dominante. — M. monarchie constitutionnelle. — C. catholicisme. — P. protestantisme. — Gr. grecque. — Cap. capitale. — V. pr. ville principale. — E. empire. — F. fédératif. — M. mahométisme.
(2) Par rapport aux points cardinaux et collatéraux.

6° Possède des lacs, des volcans, des caps : les nommer et en indiquer la position ;
7° Où est placée la capitale, et quelle est la position des v. pr. par rapport à la capitale, aux mers, aux golfes, aux détroits, aux isthmes, aux fleuves, aux montagnes, aux volcans, aux îles, aux caps ?....

7. DANEMARK (h. 2,500,000 — G. M. — R. P.).

Il comprend : 1° le *Jutland*, ou presqu'île danoise ; 2° l'*Islande* et plusieurs autres îles.

Cap. Copenhague ; v. pr. Reikiavik en Islande.

8. La SCANDINAVIE (h. 4,500,000 — G. M. — R. P.).

Elle comprend : 1° la *Suède*, cap. Stockholm ; 2° la *Norvége*, cap. Christiania ; v. pr. Gothembourg.

9. La RUSSIE (h. 60,000,000 — G. E. — R. Gr.).

Elle comprend : 1° la *Russie* proprement dite, avec la *Crimée*, cap. Saint-Pétersbourg ; 2° la Pologne (ancien royaume), cap. Varsovie ; v. pr. : 1° Arkhangel ; 2° Revel ; 3° Riga ; 4° Wilna ; 5° Smolensk ; 6° Kiew ; 7° Odessa ; 8° Sébastopol ; 9° Azof ; 10° Astrakan ; 11° Moscou ; 12° Twer.

EXERCICE et DEVOIR : Dire la position de chacune des quatre contrées du nord par rapport aux points cardinaux et collatéraux, et par rapport les uns aux autres. Appliquer à chacune de ces trois dernières les exercices de la première.

Les sept contrées du milieu sont :

10. La FRANCE (h. 37,000,000 — G. E. — R. C.).

Cap. Paris ; v. pr. : 1° Lyon ; 2° Bordeaux ; 3° Marseille.

11. La BELGIQUE (h. 4,500,000 — G. M. — R. C.).

Cap. Bruxelles ; v. pr. : Anvers.

12. La HOLLANDE (h. 3,500,000 — G. M. — R. P.).

Cap. La Haye ; v. pr. : Amsterdam.

13. PRUSSE (h. 18,000,000 — G. M. — R. P.). Cap. Berlin ; v. pr. : 1° Kœnigsberg ; 2° Dantzig ; 3° Cologne ; 4° Aix-la-Chapelle.

14. AUTRICHE (h. 36,000,000 — G. E. — R. C.).

Cap. Vienne ; v. pr. : 1° Prague ; 2° Cracovie ; 3° Lemberg ; 4° Klausenbourg ; 5° Bude ; 6° Trieste.

EXERCICE et DEVOIR : Dire la position de chacune des cinq premières contrées du milieu, et comment elles sont situées par rapport les unes aux autres et aux quatre du nord. Appliquer à chacune les exercices du n° 6.

15. CONFÉDÉRATION GERMANIQUE, dite ALLEMAGNE propre (h. 40,000,000 — G. F — R. C. et P.).

V. pr. : 1° Francfort ; 2° Munich ; 3° Stuttgard ; 4° Dresde ; 5° Cassel ; 6° Hanovre.

16. SUISSE (h. 2,600,000 — G. F. — R. C. et P.).

V. pr. : 1° Berne ; 2° Bâle ; 3° Genève.

EXERCICE et DEVOIR : Dire la position des deux dernières contrées du milieu, et comment elles sont situées par rapport aux onze précédentes. Appliquer à chacune les exercices du n° 6.

Les cinq contrées du sud sont :

17. Le PORTUGAL (h. 4,000,000 — G. M. — R. C.).

Cap. Lisbonne ; v. pr. : 1° Coïmbre ; 2° Porto.

18. L'ESPAGNE (h. 17,000,000 — G. M. — R. C.).

Cap. Madrid ; v. p. : 1° Sarragosse ; 2° Valence ; 3° Grenade ; 4° Séville ; 5° Cadix ; 6° Badajoz ; 7° Burgos ; 8° Léon.

19. L'ITALIE (h. 25,000,000 — G. M. — R. C.).

Cap. Florence ; v. pr. : 1° Turin ; 2° Milan ; 3° Rome, capitale des Etats du pape ; 4° Naples ; 5° Palerme (en Sicile) ; 6° Venise.

20. La TURQUIE (h. 12,500,000 — G. E. — R. M. et Gr.).

Cap. Constantinople ; v. pr. : 1° Salonique ; 2° Gallipoli ; 3° Andrinople ; 4° Varna ; 5° Jassy ; 6° Bucharest ; 7° Belgrade.

21. La GRÈCE avec la *Morée* (h. 1,500,000 — G. M. — R. Gr.).

Cap. Athènes ; v. pr. : 1° Corinthe, sur l'isthme de ce nom ; 2° Argos, en Morée.

EXERCICE et DEVOIR : Dire la position des cinq contrées du sud, et comment elles sont situées par rapport les unes aux autres et aux quatre du nord et aux sept du milieu. Appliquer à chacune l'exercice n° 6. Nommer celles des contrées de l'Europe qui forment ou possèdent des presqu'îles. Et quelles sont-elles ? Dire par quoi la Crimée tient à la Russie et la Morée à la Grèce.

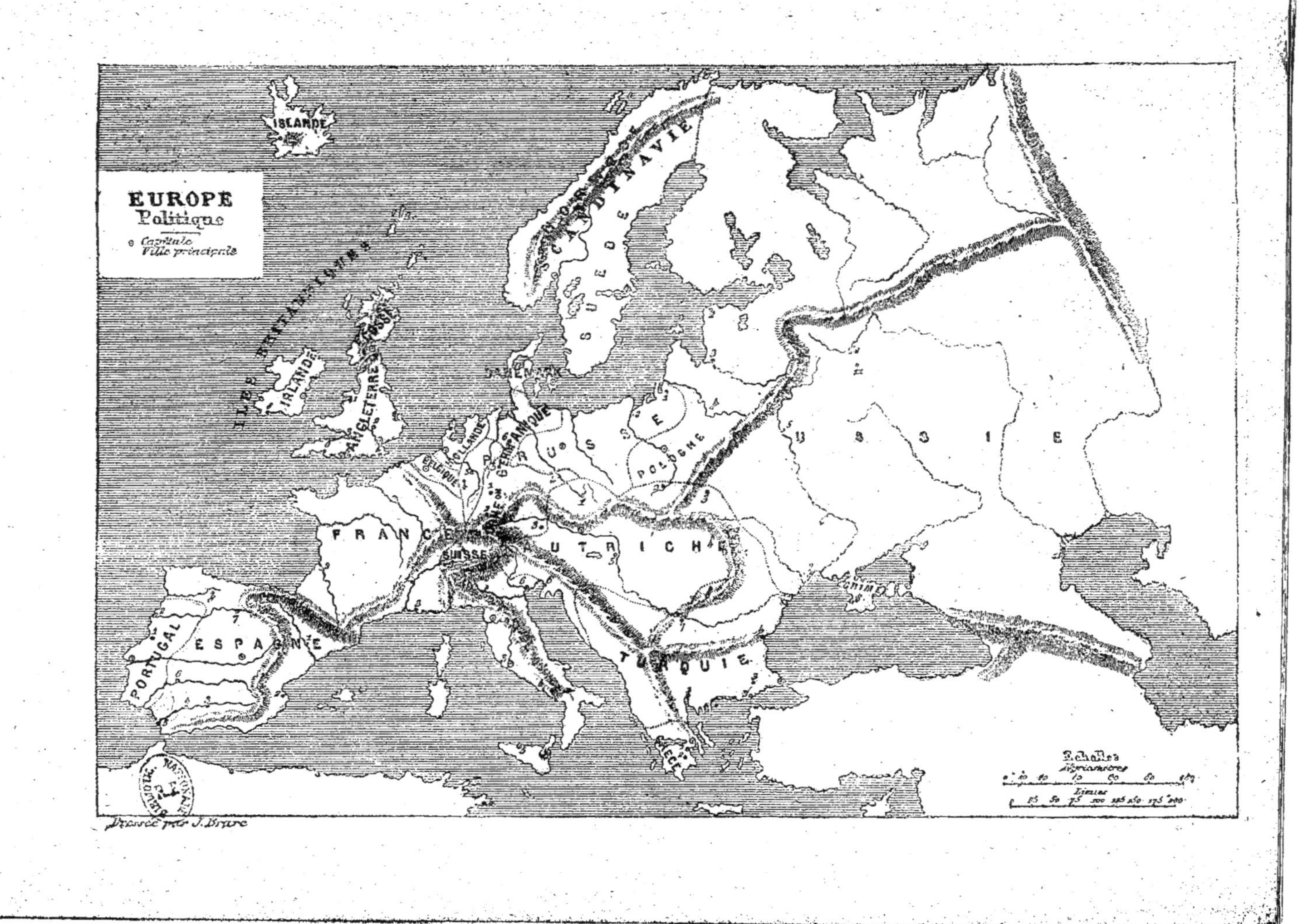

EUROPE
Politique
Capitale
Ville principale
ISLANDE
ÎLES BRITANNIQUES
IRLANDE
ANGLETERRE
ÉCOSSE
SCANDINAVIE
SUÈDE
NORVÈGE
DANEMARK
RUSSIE
POLOGNE
HOLLANDE
BELGIQUE
CONFÉDÉRATION GERMANIQUE
FRANCE
SUISSE
AUTRICHE
PORTUGAL
ESPAGNE
TURQUIE
GRÈCE
CRIMÉE
Échelles
kilométriques
Lieues
Dressé par J. Brune

ASIE PHYSIQUE

1. L'Asie est la plus grande des cinq parties du monde. — Elle s'étend sur une surface d'environ 42,000,000 de kilomètres carrés.

2. Les *mers* qui la baignent et la bornent sont :

Au nord, l'Océan glacial Arctique ;

A l'est, le grand Océan, qui forme : 1º la mer de Béring ; 2º la mer d'Okhotsk ; 3º la mer du Japon ; 4º la mer Jaune ; 5º la mer de Chine.

Au sud, la partie du grand Océan, dite Océan Indien, qui forme 1º la mer d'Oman ; 2º la mer Rouge ou Golfe Arabique.

A l'ouest, 1º la mer Méditerranée : 2º la mer Noire ; 3º la mer Caspienne.

3. Ces trois mers, avec le fleuve et les monts Ourals, séparent l'Asie de l'Europe ; la mer Rouge, avec l'isthme de Suez, la sépare de l'Afrique ; le détroit de Béring la sépare de l'Amérique.

EXERCICE. — (Le même qui suit le nº 3 de l'Europe physique.)

4. Les *golfes* creusés par les mers qui viennent d'être citées sont ceux :

1º d'Obi ; 2º de Tchili ; 3º du Tonkin ; 4º de Siam, 5º du Bengale, 6º Persique.

EXERCICE. — (Le même qui suit le nº 4 de l'Europe physique.)

5. Les *presqu'îles* découpées par les mers et les golfes sont celles :

1° de Kamchatka, 2° de Corée; 3° d'Indo-Chine; 4° de Malacca; 5° de l'Indoustan; 6° de l'Arabie; 7° de l'Anatolie.

EXERCICE.—Dire la position de ces presqu'îles, les mers et les golfes qui les baignent.

6. Les *détroits*, qui mettent en communication les mers et les golfes, sont ceux :

1° de Bab-el-Mandeb ; 2° d'Ormuz ; 3° de Malacca; 4° de Béring.

EXERCICE. — (Le même qui suit le n° 5 de l'Europe physique.)

7. Les principaux *lacs* de l'Asie sont les lacs :

1° Baïkal, 2° Aral, 3° Asphaltite ou mer Morte.

EXERCICE. — (Le même qui suit le n° 7 de l'Europe physique.)

8. Les principales *chaînes de montagnes* sont :

1° les monts Stanovoï, 2° les monts Sablonoï, 3° les monts Altaï, 4° les monts Célestes, 5° les monts d'Indo-Chine, 6° l'Himalaya, 7° les monts Bolor, 8° le Caucase, 9° l'Ararat.

EXERCICE.—Dire la position de ces *chaînes* en Asie — par rapport les unes aux autres — par rapport aux mers, aux golfes, aux lacs qui les avoisinent — aux presqu'îles qu'elles traversent ou limitent.

9. Ces chaînes établissent *trois versants,* qui donnent leur cours aux *fleuves* suivants :

Versant nord, 1° l'Obi, 2° le Iénisseï, 3° la Léna.

Versant est, 1° le fleuve Amour, 5° le fleuve Jaune, 6° le fleuve Bleu.

Versant sud, 7° le Cambodge, 8° le Gange, 9° l'Indus, 10° l'Euphrate, 11° le Tigre.

EXERCICE. — Dire quelles montagnes donnent naissance à ces fleuves. — En quelles parties, mers ou golfes, de l'Océan glacial, du grand Océan, ou de l'Océan Indien se perdent ces fleuves. — Les nommer en suivant l'ordre de leur importance comme longueur de parcours.

10. Les *îles* et *groupes* d'îles de l'Asie sont :

1° La Nouvelle-Zemble, 2° le Sakhalian, 3° l'Archipel Japonais, 4° l'île Formose, 5° l'île de Ceylan, 6° l'île de Rhodes.

EXERCICE. — (Le même qui suit le n° 13 de l'Europe physique.)

11. Les principaux *caps* sont les suivants :

1° Septentrional, 2° Oriental, 3° Lopatka, 4° Romania, 5° Comorin, 6° Ras-el-Had.

EXERCICE. — (Le même qui suit le n° 14 de l'Europe physique.)

ASIE POLITIQUE

1. La population de l'Asie est d'environ 600 millions d'habitants.

2. L'Asie se divise en 11 parties principales, dont :

Une au nord

3. La RUSSIE D'ASIE. (hab. 7,000,000 — G. E. — R. Cr.)

Elle comprend :

La *Sibérie,* cap. Tobolsk.

V. pr. : 1° Pétropaulowsk , 2° Okhotsk, 3° Jakoutsk, 4° Irkoutsk.

La *Georgie,* ou Russie du Caucase.

V. p. 5° Tiflis.

EXERCICE et DEVOIR.—Dire la position de cette contrée et si elle est…. (Appliquer les exercices du n° 6 de l'Europe politique, page 8.)

Quatre au milieu, qui sont :

4. La TURQUIE D'ASIE. (h. 15,000,000—G E.—R. M.)

V. pr. 1° Smyrne, 2° Alep, 3° Damas, 4° Jérusalem, 5° Bagdad.

EXERCICE et DEVOIR. — (Même qu'au n° 3.)

5. Le TURKESTAN. (h. 8,000,000.—R : M.) V. pr. : 1° Khokand, 2° Boukara, 3° Kiva.

EXERCICE et DEVOIR.—(Même qu'au n° 3.)

6. L'EMPIRE CHINOIS. (h. 300,000,000.— R : Idolâtrie.) Cap. Pékin.

V. pr. 1° Nanking, 2° Canton.

EXERCICE et DEVOIR. — (Même qu'au n° 3.)

7. L'EMPIRE DU JAPON. (h. 40,000,000.— R. Idolâtrie. Cap. Yedo.

V. p. 1° Myako, 2° Nangasaki.

EXERCICE et DEVOIR. — (Même qu'au n° 3.)

Six au midi, qui sont :

8. L'ARABIE. (h. 12,000,000. — R. M.) Cap. La Mecque.

V. pr. 1° Médine, 2° Moka, 3° Aden, 4° Maskate.

EXERCICE et DEVOIR. — (Même qu'au n° 3.)

9. La PERSE. (h. 10,000,000. — R. M.) Cap. Téhéran.

V. pr. 1° Ispahan, 2° Bender-Abassi.

EXERCICE et DEVOIR. — (Même qu'au n° 3.)

10. L'AFGHANISTAN. (h. 6,000,000.—R. M.) Cap. Kélat.

EXERCICE et DEVOIR. — (Même qu'au n° 3.

11. Le BÉLOUTCHISTAN.

EXERCICE et DEVOIR — (Même qu'au n° 3.)

12. L'INDOUSTAN. (175,000,000. — R. Idolâtrie.) Cap. Calcutta.

V. pr. 1° Cachemir, 2° Lahore, 3° Chandernagor, 4° Madras, 5° Pondichéry, 6° Goa, 7° Bombay.

EXERCICE et DEVOIR. — (Même qu'au n° 3.)

13. L'INDO-CHINE. (h. 25,000,000.—R. Idolâtrie.) Cap. Hué.

V. pr. 1° Saïgon, 2° Singapour, 3° Bangkok, 4° Siam, 5° Ava.

EXERCICE et DEVOIR. — (Appliquer les exercices du n° 6 de l'Europe politique — de plus, dire la position de chacune des 11 parties de l'Asie par rapport aux autres — nommer celles de ces contrées qui possèdent ou forment des presqu'îles — des îles.

AFRIQUE PHYSIQUE

1. L'AFRIQUE s'étend sur une surface d'environ 30,000,000 de kilomètres carrés.

2. Ses *limites* sont des *mers* : au nord, la Méditerranée et la mer Rouge ; à l'est, la mer des Indes ; au sud, le grand Océan ; à l'ouest, l'Océan Atlantique.

EXERCICE. (Le même qui suit le n° 3 de l'Europe physique.)

3. Les *golfes* creusés par ces mers sont ceux :

1° de Syrte ; 2° de Guinée.

EXERCICE. (Le même qui suit le n° 4 de l'Europe physique.)

4. Les *détroits* qui font communiquer ces mers sont ceux :

1° De Gibraltar ; 2° de Mozambique ; 3° de Bab-el-Mandeb.

EXERCICE. (Le même qui suit le n° 5 de l'Europe physique.)

5. L'*isthme* de Suez forme le point de communication de l'Asie et de l'Afrique.

EXERCICE : Dire quels sont les différents points de séparation de l'Afrique et de l'Asie, de l'Afrique et de l'Europe.

6. Les principaux *lacs* de l'Afrique sont les lacs :

1° Tchad ; 2° Dombea ; 3° Moravi.

Exercice. Le qui suit le nº 7 de l'Europe physique.)

7. Les principales *chaînes de montagnes* ont :

1º L'Atlas ; 2º les montagnes de Kong ; 3º les montagnes de la Lune ; 4º les montagnes Lupata ; 5º de Madagascar.

Exercice. (Le même qui suit le nº 8 de l'Asie physique.)

8. Les principaux *fleuves* sont ceux :

1º Du Sénégal ; 2º de la Gambie ; 3º le Niger ; 4º le Zaïre ; 5º l'Orange ; 6º le Zambèse ; 7º le Nil.

Exercice : Dire dans le voisinage ou aux pieds de quelles montagnes ces fleuves prennent naissance, à quel versant ils appartiennent ? En quelles parties, mers ou golfes, de la Méditerranée, de l'océan Indien ou de l'Océan Atlantique, viennent-ils se perdre ?

9. Les *îles* et *archipels* sont :

1º Les îles Socotora ; 2º Séchelles ; 3º Comores ; 4º de Madagascar ; 5º de France ; 6º Bourbon ; 7º Sainte-Hélène ; 8º Canaries ; 9º les Açores.

Exercice. (Le même qu'au nº 13 de l'Europe physique.)

10. Les principaux *caps* sont les caps :

1º Bon ; 2º Guardafui ; 3º de Bonne-Espérance ; 4º cap Vert.

Exercice. (Le même qu'au nº 14 de l'Europe physique.)

AFRIQUE POLITIQUE

1. La population de l'Afrique est de 100,000,000.

2. L'Afrique se divise en 17 parties principales dont

Trois au nord, qui sont :

3. La Barbarie, comprenant :

L'empire du Maroc. (h. 8,000,000—R. M.) Cap. Maroc ; v. pr. : 1º Tanger ; 2º Fez ; 3º Mogador.

L'Algérie. (h. 4,000,000 — R. C. et M.) Cap. Alger ; v. pr. : 1º Oran ; 2º Constantine.

La *régence de Tunis* (h. 2,000,000. — R. M.) Cap Tunis ; v. pr. : 1º Bizerte ; 2º Cabès.

La *régence de Tripoli* (h. 1,000,000 — R. M.). Cap. Tripoli ; v. pr. : 1º Ghadamès ; 2º Mouzouk ; 3º Bengazi.

Exercice et devoir : Dire la position de cette contrée et de chacune de ses parties, dire si elle est... (Appliquer l'exercice qui suit le nº 6 de l'Europe politique.)

4. L'Égypte (h. 5,000,000 — R. M.). Cap. le Caire ; v. pr. : 1º Alexandrie ; 2º Rosette ; 3º Damiette ; 4º Suez ; 5º Thèbes.

Exercice et devoir : Dire la position de cette contrée et si elle est... (Même qu'au nº 3.)

5. Le Sahara, ou grand désert. (h. 1,000,000). V. pr. : 1º Agably ; 2º Agadès.

Exercice. (Même qu'au numéro précédent.)

Huit au milieu, qui sont :

6. La Sénégambie. (h. 12,000,000 — R. M.) V. pr. : 1º Saint-Louis ; 2º Sainte-Marie de Bathurst.

Exercice et devoir. (Mêmes qu'au nº 3.)

7. La Guinée septentrionale. (h. 10,000,000 — R. Idolâtrie.) V. pr. : 1º Coumassie ; 2º Abomay ; 3º Bénin.

Exercice et devoir. (Mêmes qu'au nº 3.)

8. La Guinée méridionale. (h. 6,000,000 — R. Idolâtrie). V. pr. : 1º San-Salvador ou Banza ; 2º Saint-Paul de Loanda ; 3º Saint-Philippe de Benguela.

Exercice et devoir. (Mêmes qu'au nº 3.)

9. La Cimbebasie, sur laquelle on n'a pas de données positives.

10. La Nigritie ou Soudan. (h. 20,000,000 — R. M.) V. pr. : 1º Tombouktou ; 2º Sackatou ; 3º Kouka.

Exercice et devoir. (Mêmes qu'au nº 3.)

11. La Nubie. (h. 2,000,000 — R. M. et idolâtrie.) Cap. Sennaar.

Exercice et devoir. (Mêmes qu'au nº 3.)

12. L'Abyssinie. (h. 4,000,000 — R. M. et C.) Cap. Gondar.

Exercice et devoir. (Mêmes qu'au nº 3.)

13. L'Ajan (peu connue). Cap. Zeilah.

Exercice et devoir. (Mêmes qu'au nº 3.)

Six au sud, qui sont :

14. La Caprerie (population incertaine). — (R. Idolâtrie.) V. pr. : Zimbaoë.

Exercice et devoir. (Mêmes qu'au nº 3.)

15. La Hottentotie. (h. 70,000 — R. Idolâtrie.) Pas de ville importante.

Exercice et devoir. (Mêmes qu'au nº 3.)

16. Le Cap. (h. 300,000 — R. Idolâtrie.) V. pr. : 1º Le Cap ; 2º Port Natal.

Exercice et devoir. (Mêmes qu'au nº 3.)

17. Le Mozambique. (h. 3,000,000 — R. Idolâtrie.) Cap. Mozambique ; v. p. : Sofola.

Exercice et devoir. (Mêmes qu'au nº 3.)

18. Le Zanguebar. (h. 1,000,000 — R. Idolâtrie.) V. pr. : 1º Zanzibar (dans une île) ; 2º Quiloa.

Exercice et devoir. (Mêmes qu'au nº 3.)

19. Madagascar (île). (h. 4,000,000 — R. Idolâtrie.) V. pr. : 1º Tananarive ; 2º Port-Louis ; 3º Saint-Denis (dans les îles).

Exercice et devoir. (Mêmes qu'au nº 12 de l'Asie politique.)

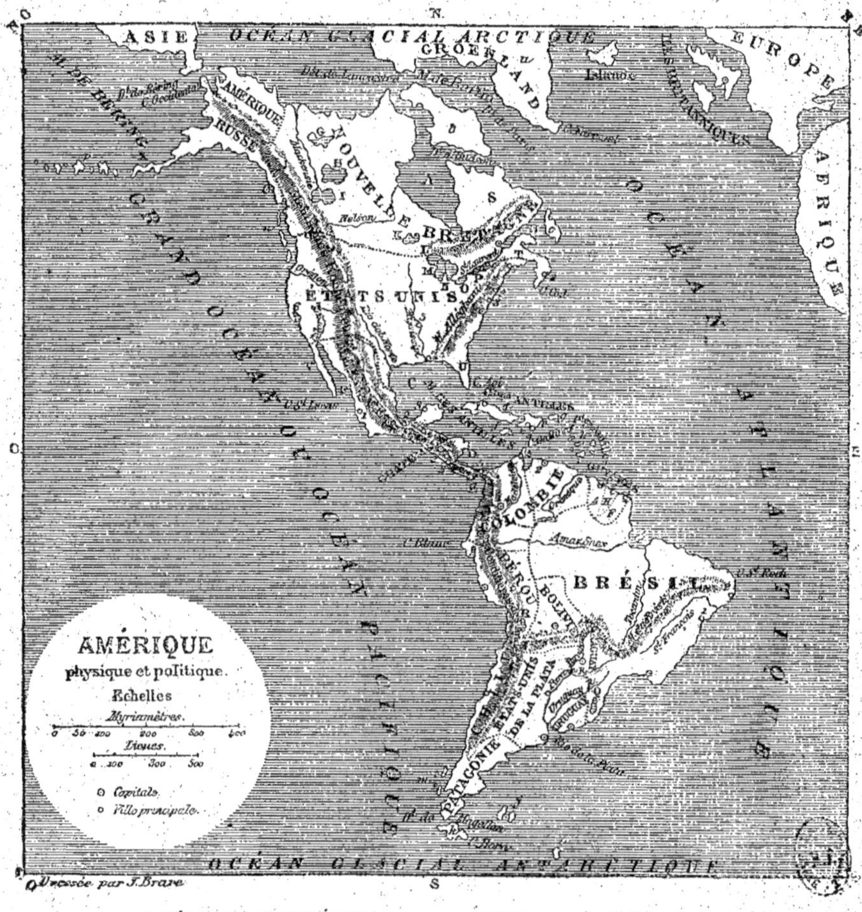

AMÉRIQUE PHYSIQUE

1. L'Amérique s'étend sur une surface d'environ 42,500,000 kilomètres carrés, et forme deux grandes *presqu'îles* réunies par l'*isthme* de Panama : celle du *Nord*, dite Amérique septentrionale, et celle du *Sud*, dite Amérique méridionale.

2. Les *mers* qui la baignent et la bornent sont :

Au nord, l'Océan glacial Arctique et la mer de Baffin ; à l'est, l'Océan Atlantique et la mer des Antilles ; au sud, l'Océan glacial Antarctique ; à l'ouest, le grand Océan et la mer de Béring.

Exercice. (Le même qui suit le n° 3 de l'Europe physique.)

3. Les *golfes* creusés par ces mers sont ceux :

A. D'Hudson ; B. de Saint-Laurent ; C. du Mexique ; D. d'Honduras ; E. de Panama ; F. de Californie.

Exercice. (Le même qui suit le n° 4 de l'Europe physique.)

4. Les *presqu'îles* découpées par les mers et les golfes sont celles :

S. de Labrador ; T. de la Nouvelle-Ecosse ; U. de la Floride ; V. de Yucatan ; X. d'Alaska.

Exercice. (Le même qui suit le n° 5 de l'Asie physique.)

5. Les *détroits* qui font communiquer les mers et les golfes sont ceux :

1° De Béring ; 2° de Lancastre ; 3° de Davis ; 4° d'Hudson ; 5° de Magellan.

Exercice (Le même qui suit le n° 5 de l'Europe physique.)

6. Les principaux *lacs* de l'Amérique sont ceux :

G. Du Grand-Ours ; H. de l'Esclave ; I. des Montagnes ; K. Ouinnipeg ; L. Supérieur ; M. Michigan ; N. Huron ; O. Erié ; P. Ontario ; Q. Los Patos ; R. Titicaca.

EXERCICE. (Le même qui suit le n° 7 de l'Europe physique.)

7. Les principales *chaînes de montagnes* sont :

1° Les montagnes Rocheuses du nord au sud de l'Amérique septentrionale ; 2° les montagnes Alleghany ; 3° les Cordillères des Andes du nord au sud de l'Amérique méridionale ; 4° les montagnes du Brésil.

EXERCICE. (Le même qu'au n° 8 de l'Asie physique.)

8. Ces chaînes établissent *quatre versants* entre lesquels se répartissent les *fleuves* suivants :

Versant nord : le Mackensie.

Versant-est : 1° le Nelson ; 2° le St-Laurent ; 3° le Mississipi ; 4° le Rio del Norte ; 5° la Madeleine ; 6° l'Orenoque ; 7° les Amazones ; 8° le Tocantin ; 9° le Saint-François.

Versant sud : 1° le Parana et son affluent 2° Paraguay ; 3° l'Uuruguay ; ces rivières réunies forment le Rio de la Plata, fleuve.

Versant ouest : 1° le Colorado ; 2° l'Orégon.

EXERCICE : Dire quelles montagnes donnent naissance à ces fleuves. En quelles parties, mers ou golfes, de l'Océan glacial, de l'Océan Atlantique ou du grand Océan, ils viennent se perdre ? Quels sont ceux qui avoisinent des lacs ?

9. Les *îles* et *groupes d'îles* remarquables sont :

a. Le Groënland ; b. le Cumberland ; c. l'île de Terre-Neuve, les grandes et les petites Antilles (comprenant : d. Cuba ; e. Haïti ; f. la Jamaïque ; g. Porto-Rico ; h. la Guadeloupe ; i. la Martinique) ; j. les Malouines ; k. la Terre de Feu ; l. la Nouvelle-Géorgie ; m. les îles de la Mère-Dieu ; n. Quadra-et-Vancouver ; p. les îles Aléoutiennes.

EXERCICE. (Même que celui qui suit le n° 13 de l'Europe physique.)

10. Les principaux *caps* sont les caps :

1° Farewell ; 2° Cod ; 3° Agi ; 4° Galdinas ; 5° Saint-Roch ; 6° Horn ; 7° Blanc ; 8° Saint-Lucas ; 9° Occidental.

EXERCICE. (Même qu'au n° 14 de l'Europe physique.)

AMÉRIQUE POLITIQUE

1. La *population* de l'Amérique s'élève à plus de 60,000,000 d'habitants, dont 36,000,000 environ sont *catholiques*, environ 18,000,000 *protestants* et les autres *idolâtres*.

2. L'Amérique se divise en 17 parties principales, dont 7 pour l'Amérique du Nord.

AMÉRIQUE SEPTENTRIONALE

1. GROENLAND. (h. environ 24,000.)
Île danoise, habitée par environ 6,600 Européens.

2. AMÉRIQUE RUSSE. (h. 63,000—idolâtres.)
Cap. Nouvelle-Arkangel (dans une île sur le grand Océan).

5 NOUVELLE-BRETAGNE. (h. 2,500,000 — R. C.)
Cap. Québec ; v. pr. : 1° Montréal, 2° Halifax.

EXERCICE et DEVOIR : Dire la position de chacune de ces trois contrées et dire si elle est... (Appliquer les exercices qui suivent le n° 6 de l'Europe politique.)

6. RÉPUBL. DES ETATS-UNIS. (h. 27,000,000 — R. P.)
Cap. Washington ; v. pr. : 1° Boston ; 2° New-York ; 3° Philadelphie ; 4° Nouvelle-Orléans ; 5° Saint-Louis ; 6° San Francisco.

EXERCICE et DEVOIR : Dire la position de cette contrée et si elle est... (Voir le n° 6 de l'Europe politique.)

7. RÉPUBL. DU MEXIQUE (h. 7,500,000 — R. C.)
Cap. Mexico ; v. pr. : 1° Guadalaxara ; 2° Vera-Cruz ; 3° Campêche.

8. GUATEMALA. (h. 2,000.000 — Républ. — R. C.)
Cap. Guatemala ; v. pr. : 1° Balize ; 2° San Salvador ; 3° Léon.

9. Les ANTILLES. (h. 2,500,000 — Religions diverses.)
V. pr. : 1° La Havane ; 2° Port-au-Prince ; 3° Saint-Domingue.

EXERCICE et DEVOIR. (Mêmes qu'au n° 5.)

AMÉRIQUE MÉRIDIONALE

10. La COLOMBIE. (h. 4,500,000 — Républ. — R. C.)
Elle est divisée en trois républiques, dont les capitales sont : 1° Santa-Fé de Bogota (dans la Nouvelle-Grenade) ; 2° Caracas (dans le Venezuela) ; 3° Quito (dans l'Equateur).
V. pr. : 1° Carthagène ; 2° Panama.

EXERCICE et DEVOIR. (Mêmes qu'au n° 6 ci-dessus.)

11. Le PÉROU. (h. 2,000,000 — Répub. — R. C.)
Cap. Lima ; v. pr. : Cuzco.

12. Le CHILI. (h. 1,500,000 — Républ. — R. C.)
Cap. Santiago ; v. pr. : Valparaiso.

13. La PATAGONIE (h. 200,000—peu connue.)

EXERCICE et DEVOIR (Mêmes qu'au n° 5 ci-dessus.)

14. La PLATA. (h. 2,000,000 — Républ. — R. C.)
Cap. Buenos-Ayres ; v. pr. : Santa-Fé.

15. L'URUGUAY. (h. 150,000 — Républ — R. C.)
Cap. Montevideo.

16. Le PARAGUAY. (h. 700,000 — Républ. — R. C.)
Cap. l'Assomption.

EXERCICE et DEVOIR. (Mêmes qu'au n° 5 ci-dessus.)

17. La BOLIVIE. (h. 1,200,000 — Républ. — R. C.)
Cap. La Plata.

18. Le BRÉSIL. (h. 8,500,000 — G. E. — R. C.)
Cap. Rio de Janeiro ; v. pr. : 1° San Salvador ; 2° Pernambouc.

19. Les GUYANES. (h. 190,000 pour les 3 Guyanes) française, cap. Cayenne ; hollandaise, cap. Paramaribo ; anglaise, cap. George-Town.

EXERCICE et DEVOIR (Mêmes qu'aux n°s 5 ci-dessus et 12 de l'Asie politique.)

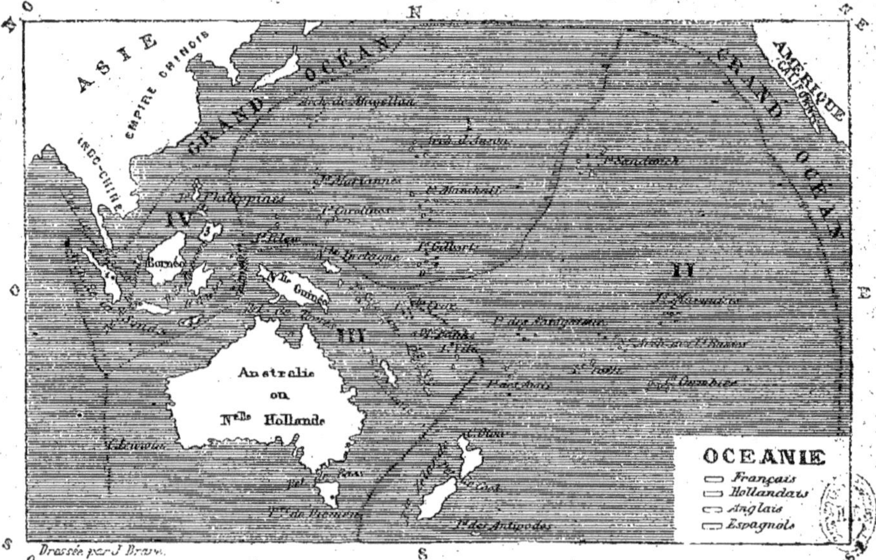

OCÉANIE

1. L. population de l'OCÉANIE est d'environ 30,000,000 d'habitants, composés d'*Européens*, de *Malais* et de *Noirs*, professant le *christianisme*, le *mahométisme* et des *cultes idolâtres*.

2. Elle se divise en quatre grandes parties, savoir :

I. Au nord, la MICRONÉSIE, c'est-à-dire petites îles.

II. A l'est, la POLYNÉSIE, c'est-à-dire nombreuses îles.

III. Au sud, la MÉLANÉSIE, îles des Nègres.

IV. A l'ouest, la MALAISIE, îles des Malais.

3. L'OCÉANIE (c'est-à-dire *Iles de l'Océan*), est baignée tout entière dans le *Grand Océan*, qui la borne par conséquent de toutes parts, et la sépare au N.-O. de l'*Asie* et au N.-E. de l'*Amérique*.

4. La possession de ces îles est partagée entre 1° les indigènes, 2° les Français, 3° les Hollandais, 4° les Anglais, 5° les Espagnols. (Nous ferons suivre le nom de chaque île de la lettre initiale du possesseur *européen*.)

5. Les principaux *détroits* qui les séparent sont ceux : 1° de Malacca, 2° de la Sonde, 3° de Macassar, 4° de Torres, 5° de Bass, 6° de Cook.

6. On y remarque le *golfe* de Carpentarie (a).

7. Les *caps* 1° Leuwin, 2° Otou.

EXERCICE. — Dire dans quelles parties de l'Océanie sont les détroits — le golfe — les caps.

I. La MICRONÉSIE comprend les groupes : 1° de Magellan, 2° des Mariannes (E), 3° de Pelew, 4° de Caroline, 5° d'Anson, 6° de Marshall, 7° de Gilbert.

II. La POLYNÉSIE comprend les groupes : 1° de Sandwich, 2° des Navigateurs, ou de Bougainville, 3° des Amis ou de Tonga, 4° la Nouvelle-Zélande (A), 5° l'île des Antipodes (non loin d'elle se trouvent les Antipodes de Paris.), 6° les îles Gambier (F), 7° Taïti (F), 8° des îles Basses, 9° des îles Marquises (F).

III. La MÉLANÉSIE comprend : 1° La Nouvelle Guinée (H), 2° l'Australie (A), v. pr. Sidney ; 3° la terre de Diémen (A), v. pr. Hobart-Town ; 4° la Nouvelle-Calédonie (F) ; 5° les Nouvelles-Hébrides ; 6° les îles Witi ; 7° l'île de Bancs (F) ; 8° Santa-Cruz, ou de La Pérouse ; 9° la Nouvelle-Bretagne (A) ; 10° les îles Salomon.

IV. La MALAISIE comprend les îles : 1° Philippines (E) (îles princip. 1° Lucon ; 2° Manille ; 3° Mindanao); 2° Bornéo (H) ; 3° Célèbes (H); 4° Moluques (H); 5° de la Sonde (H). (1° Sumatra, 2° Java, cap. Batavia, 3° Timor. (Timor est en partie aux Portugais.)

EXERCICE. — 1° Citer les terres séparées par les détroits — terminées par les caps — la terre creusée par le golfe. — 2° Indiquer la position respective de chaque île ou de chaque groupe, prenant tantôt l'une et tantôt l'autre pour point central, et dire à quelle puissance elle appartient.

EXERCICES ET DEVOIRS SUR LA FRANCE

Nota.—Nous rappelons 1° que les numéros d'ordre des leçons qui accompagnent les cartes correspondent à autant de questions indiquées par les mots imprimés en caractères saillants, et que les réponses sont fournies par les termes mêmes du texte ;

2° Que nos trois cartes de France sont *demi-muettes* par elles-mêmes, et *muettes* par rapport aux deux autres. — De là les exercices et devoirs si fructueux auxquels elles donnent lieu.

LEÇONS DE LA PREMIÈRE CARTE. (P. 18 et 19.)

1° Réciter chaque leçon des nᵒˢ 1 à 8 : 1° sur la deuxième carte (p. 21), 2° sans carte.

2° Dire par quoi la France est séparée de l'Allemagne, de la Suisse, de l'Italie, de l'Espagne, de l'Angleterre.

3° Citer pour chaque golfe, baie, port ou étang, la mer qui le creuse.

4° Citer pour chaque île la mer qui l'entoure.

5° Citer pour chaque presqu'île ou chaque cap la mer dans laquelle il s'avance.

6° Réciter chaque leçon des nᵒˢ 9 à 23, 1° Sur la deuxième carte (p. 21), 2° sans carte.

LEÇONS DE LA DEUXIÈME CARTE. (P. 20 et 21.)

1° Réciter chaque leçon de cette deuxième carte :
1° sur la première (p. 19), en citant les départements d'après le cours des fleuves et des rivières pris à leur source, nommant les affluents de droite d'abord, ceux de gauche ensuite. 2° Sans carte.

2° Ecrire et puis réciter, sur la première carte, après correction, les départements qui font partie de plusieurs bassins, et lesquels.

3° Réciter 1° sur la première carte, et 2° sans carte, les départements qui sont creusés par des golfes, baies, ports et étangs, et lesquels.

4° Citer 1° sur la première carte, et 2° sans carte, les départements voisins des îles, et desquelles.

5° Citer 1° sur la première carte, et 2° sans carte, les départements qui forment des presqu'îles ou des caps.

6° Prendre chaque cours d'eau et citer, 1° sur la première carte, 2° sans carte, les départements qu'il arrose.

7° Citer 1° sur la première carte, 2° sans carte, les départements qui fournissent leurs sources aux cours d'eau.

8° Citer 1° sur la deuxième carte, et 2° sans carte, les cours d'eau qui ont des affluents, et lesquels.

9° Citer 1° sur la première carte, et 2° sans carte, les départements où sont les divers confluents des cours d'eau, et lesquels.

10° Prendre chaque montagne, et citer 1° sur la première carte, 2° sans carte, les départements qu'elle traverse.

LEÇONS DE LA TROISIÈME CARTE (P. 22 et 23.)

1° Réciter sur cette troisième carte, —d'après l'ordre des bassins et le nombre que le maître aura jugé convenable, — les départements avec leurs chefs-lieux.

2° Même exercice sur la deuxième carte.

3° Même exercice sur la première carte.

4° Citer, à la suite les uns des autres, sans carte, 1° les départements limitrophes, 2° les départements des côtes.

5° Une ligne droite étant tirée du nord au sud, de l'est à l'ouest, du N.-E. au S.-O., du N.-O. au S.-E., citer sans carte 1° les départements qui seront rencontrés, 2° les rivières, les fleuves et les montagnes qui seront traversés.

6° Réciter, sur la troisième carte, les départements, avec leurs chefs-lieux et leurs sous-préfectures.

7° Même exercice, en citant les archevêchés et les évêchés.

8° Exercices 6 et 7 sur la deuxième carte.

9° Mêmes exercices sur la première carte.

10° Prendre chaque cours d'eau, et dire les villes qu'il rencontre.

11° Citer les villes qui sont sur la mer.

FRANCE NATURELLE OU PHYSIQUE

1. La FRANCE s'étend sur une surface d'environ 540,000 kilomètres carrés.

2. Elle a pour limites :

Au nord, la mer du *Nord* et la *Belgique* ; au N.-E., l'*Allemagne* ; à l'est, la *Suisse* ; au S.-E., l'*Italie* ; au sud, la *Méditerranée* et l'*Espagne* ; à l'ouest, la partie de l'Océan Atlantique dite *Mer de France* ; au N.-O., la *Manche*, qui communique avec la mer du Nord par le

3. DÉTROIT du Pas-de-Galais.

4. Les MERS qui la baignent creusent les *golfes, baies, ports et étangs* qui suivent :

1º La baie de la Somme ; 2º la baie de Saint-Malo ; 3º la baie de la Seine ; 4º la baie de Saint-Brieuc ; 5º le port de Brest ; 6º la baie d'Ouernenez ; 7º la baie de Concarneau ; 8º la baie du Morbihan ; 9º la baie de Bournef ; 10º l'étang d'Arcachon ; 11º le golfe de Gascogne ; 12º le golfe du Lion ; 13º l'étang de Valcarès ; 14º l'étang de Berre.

5. On remarque sur les côtes de la France les CAPS suivants :

a. Grisnez ; *b.* Barfleur ; *c.* de la Hogne ; *d.* Sillon ; *e.* Saint-Matthieu ; *f.* Penmarck ; *g.* du Croisic ; *h.* de Graves.

6. Ses principales presqu'îles sont celles

A. Du Cottentin ; B. de Bretagne ; C. de Quiberon.

7. Ses îles principales sont celles :

1º D'Aurigny ; 2º de Guernesey ; 3º de Jersey ; 4º d'Ouessant ; 5º Belle-Ile ; 6º de Noirmoutier ; 7º l'Ile-Dieu ; 8º de Ré ; 9º d'Oléron ; 10º d'Hyères ; 11º le Corse.

8. La France est sillonnée de cours d'eau, *fleuves* (Fl.) et *rivières* (R.) ; une ceinture de *montagnes* (M.) et de *collines* (C.) les déverse sur la mer. — Il en résulte **15** *bassins*, dont 5 grands et 10 petits, répartis sur **4** *versants*, comme suit :

I. VERSANT DE LA MER DU NORD.

9. 1º Bassin secondaire de l'ESCAUT.

Ceinture : coll. d'*Artois* et de *Belgique*.

Fl., l'*Escaut*. Affluent : la Lys, R.

10. 2º Bassin secondaire de la MEUSE.

Ceinture : *Ardennes* occidentales et orientales. Rivière, la Meuse ; affl., la Sambre, R.

11. 3º Grand bassin du RHIN.

Ceint. : Ardennes Orient., M^ts *Faucilles*, les *Vosges*.

Fl., le Rhin ; affl., la *Moselle*, et son affl., la *Meurthe*, R.

II. VERSANT DE LA MÉDITERRANÉE.

12. 1º Grand bassin du RHÔNE.

Ceinture : la chaîne des *Cévennes*, la *Côte-d'Or*, le *plateau de Langres*, les *Faucilles*, les *Vosges* méridionales, les M^ts *Jura*, les *Alpes* et les M^ts d'*Esterel*.

Fl., le *Rhône* ; ses affluents de droite sont : 1º La *Saône*, et 2º son affluent, le *Doubs* ; 3º l'*Ain* ; 4º l'*Isère* ; 5º la *Drôme* ; 6º la *Durance*.

Ses affluents de gauche sont :

1º L'*Ardèche* ; 2º le *Gard*.

13. 2º Bassin secondaire du VAR.

Ceint. : M. d'Esterel ; rivière, le *Var*.

14. 3º Bassin secondaire de l'HÉRAULT.

Ceint. : *Corbières orientales* et *Cévennes méridionales*.

Riv. : 1º L'*Hérault* ; 2º l'*Aude*.

III. VERSANT DE L'OCÉAN ATLANTIQUE.

15. 1º Bassin secondaire de l'ADOUR.

Ceint. : coll. du *Bordelais*, d'*Armagnac* et *Corbières occidentales*. — M. *Pyrénées*.

Riv. : 1º L'*Adour* ; et 2º la *Gave de Pau*, son affluent.

16. 2º Grand bassin de la GIRONDE.

Ceint. : Corbières orient., Cévennes méridion. M. d'*Auvergne*, M. du *Limousin*, coll. de la *Saintonge* ; coll. du *Bordelais*, d'Armagnac et Corbières occid.

Fl., la *Gironde*. Ses affluents de droite sont : 1º La *Dordogne*, et 2º son affl., la *Corrèze*. La Garonne, fl., affl. de gauche, a lui-même pour affluents à droite : 1º l'*Ariége* ; 2º le *Tarn* ; et

3º son affluent, l'*Aveyron* ; 4º le *Lot* ; à gauche, le *Gers*, R.

17. 3º Bassin secondaire de la CHARENTE.

Ceint. : coll. de la Saintonge et du *Poitou*.

Riv. : 1º la *Charente* ; 2º la *Sèvre niortaise* ; 3º la *Vendée*.

18. 4º Grand bassin de la LOIRE.

Ceint. : coll. du Poitou, du Limousin, M. d'Auvergne, M^ts du *Forez*, Cévennes, col. du *Morvan*, plateau d'*Orléans*, plaines de la *Beauce*, M. du *Perche*, col. de *Normandie*, coll. du *Maine*.

Fl., la *Loire*, qui a pour affluents de droite : 1º La *Nièvre* ; 2º le *Loir* ; 3º la *Sarthe* ; 4º la *Mayenne* ; ces 3 derniers affluents du 5º *Maine*.

Ses affluents de gauche sont : 1º l'*Allier* ; 2º le *Loiret* ; 3º le *Cher* ; 4º l'*Indre* ; 5º la *Creuse*, affl. de 6º la *Vienne* ; 7º la *Sèvre nantaise*.

19. Bassin secondaire de la VILAINE.

Ceint. : coll. du *Maine*, de l'*Armorique* ; M. d'*Arrée*.

Riv. : 1º la *Vilaine*, et 2º l'*Ille*, son affluent.

IV. VERSANT DE LA MANCHE.

20. 1º Bassin secondaire de la RANCE.

Ceint. : M. d'*Arrée* ; coll. de l'*Armorique* et du *Cottentin*.

Riv. : 1º la *Rance* ; 2º le *Couesnon*.

21. 2º Bassin secondaire de l'ORNE.

Ceint. : coll. du Cottentin, de *Normandie* et du *Lieuvin*.

Riv. : l'*Orne*.

22. 3º Grand bassin de la SEINE.

Ceint. : coll. de *Picardie*, etc…. (citer d'après la carte).

Fl., la *Seine*, ayant pour affluent de droite : 1º l'*Aube* ; 2º la *Marne* ; 3º l'*Aisne*, affl. de 4º l'*Oise*.

Pour affl. de gauche : 1º l'*Yonne* ; 2º l'*Eure*.

23. 4º Bassin secondaire de la SOMME.

Ceint. : coll. de Picardie et d'Artois : Riv., la *Somme*.

(Pour les exercices et devoirs géographiques, voir pag. 17.)

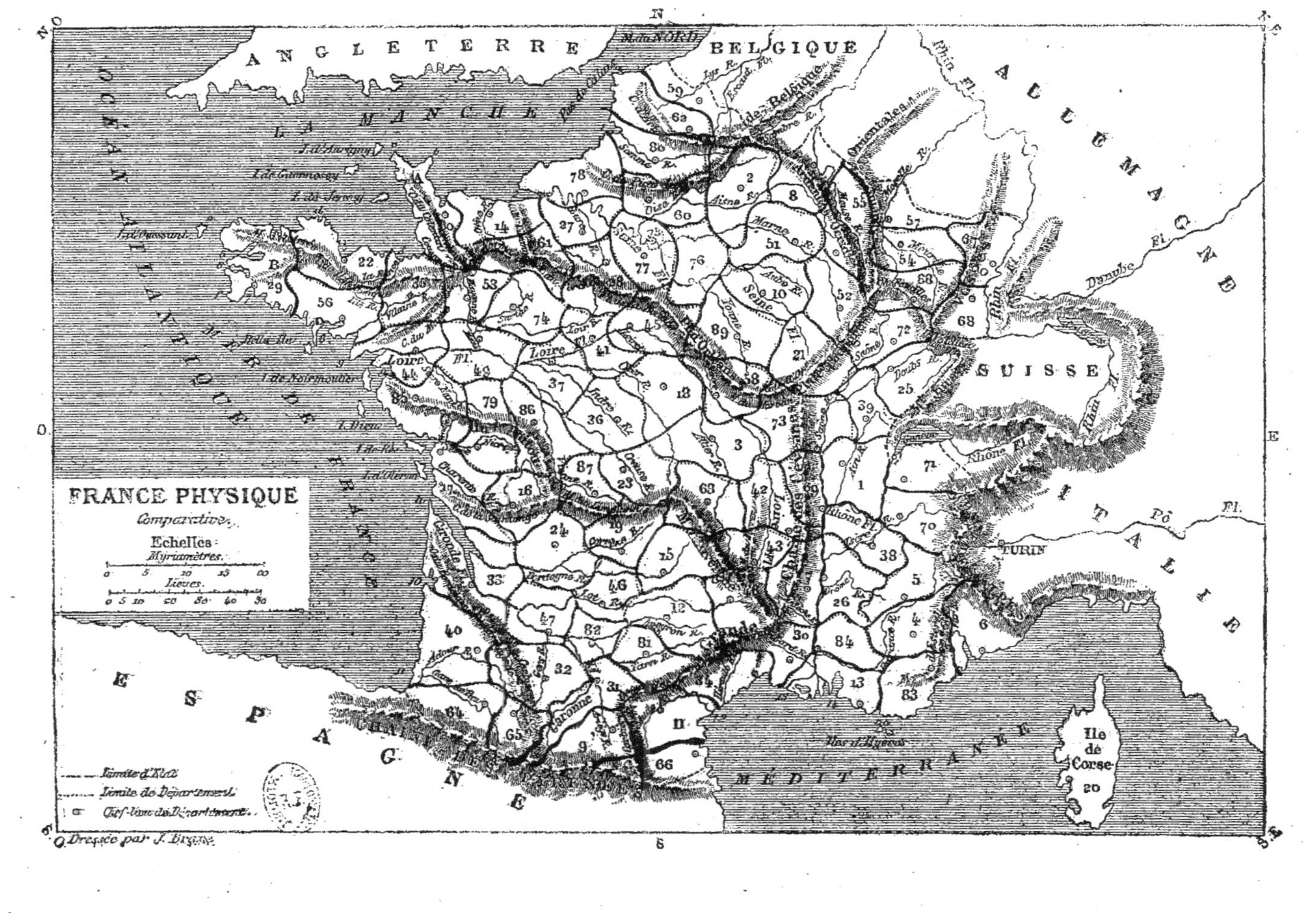

FRANCE PHYSIQUE
Comparative
Echelles
Myriamètres.
Lieues.
Limite d'État
Limite de Département
Chef-lieu de Département
Dressée par J. Bryan.
ANGLETERRE
BELGIQUE
ALLEMAGNE
SUISSE
ITALIE
ESPAGNE
OCÉAN ATLANTIQUE
LA MANCHE
Mer du NORD
MER DE FRANCE
MÉDITERRANÉE
Ile de Corse
TURIN
Rhin Fl.
Danube Fl.
Pô Fl.
Loire
Seine
Rhône Fl.
Garonne
Ile d'Oléron
Iles d'Hyères

FRANCE PAR BASSINS ET DÉPARTEMENTS

1. La population de la France est de 37 millions d'habitants, sur lesquels 34 millions sont catholiques, 2 millions et demi protestants, et 500,000 juifs.

2. Elle est gouvernée par un empereur aidé de ses ministres, d'un sénat et d'un conseil d'Etat dont les membres sont nommés par lui; et d'un corps législatif dont les membres sont élus, tous les six ans, par tous les Français âgés de 21 ans, c'est-à-dire par le suffrage universel.

3. La France est partagée en 89 départements, dont l'administration est confiée par l'empereur à autant de préfets. Chaque préfet siége au chef-lieu de son département.

4. Avant 1789, la France était partagée en 32 provinces ou gouvernements (1). A cette époque eut li u la division en départements, dont les noms sont tirés des mers qui les baignent, des fleuves ou des rivières qui les arrosent, des montagnes qui les traversent et de leur position particulière.

DÉPARTEMENTS

LEURS NOMS	LEURS CHEFS-LIEUX	LEUR ORIGINE
5. BASSIN DE L'ESCAUT		
1º Pas-de-Cal.	Arras....	Détroit du P.-de-Calais.
2º Nord......	Lille.....	Position.
6. BASSIN DE LA MEUSE		
1º Meuse.....	Bar-le-Duc..	Meuse, Rivière.
2º Ardennes..	Mézières..	Montagnes des Ardenn.
7. BASSIN DU RHIN		
1º Haut-Rhin.	Colmar..	Position parrapport
2º Bas-Rhin..	Strasbourg..	au Rhin, Fl.
3º Vosges.....	Epinal...	Monts des Vosges.
4º Meurthe...	Nancy....	Meurthe, R.
5º Moselle.....	Metz.....	Moselle, R.
8. BASSIN DU RHÔNE		
1º Haute-Saône..	Vesoul...	La Saône, R. (sources de).
2º Doubs.....	Besançon.	Doubs, R.
3º Jura......	L.-le-Saunier.	Monts du Jura.
4º Saône-et-Loire.	Macon...	Passage des deux R.
5º Ain......	Bourg....	Ain, R.

LEURS NOMS	LEURS CHEFS-LIEUX	LEUR ORIGINE
6º Rhône....	Lyon.....	Rhône, Fl.
7º Hte-Savoie	Annecy..	Position et ancien. dénomination avant l'annex.
8º Savoie....	Chambéry	
9º Isère.....	Grenoble.	Isère, R.
10º Drôme....	Valence..	Drôme, R.
11º Htes-Alpes.	Gap.....	Alpes, montagnes.
12º B.-Alpes..	Digne....	
13º Vaucluse..	Avignon..	Fontaine.
14º B.-du-Rhône..	Marseille..	Embouchure du fleuve.
15º Ardèche..	Privas....	Ardèche, R.
16º Gard.....	Nîmes....	Gard, R.
9. BASSIN DU VAR		
1º Alpes-Mar.	Nice.....	Position : Alp. et M.
2º Var.......	Draguignan .	Var, R.
10. BASSIN DE L'HÉRAULT		
1º Hérault....	Montpellier..	Hérault, R.
2º Aude......	Carcassonne..	Aude, R.
3º Pyrén.-Or.	Perpignan	Position.
11. BASSIN DE L'ADOUR		
1º H.-Pyrén..	Tarbes...	Position par rapport aux
2º Basses-Pyr.	Pau......	Pyrénées, mont.
3º Landes....	Mt-de-Marsan.	Landes, terrain sablonn.
12. BASSIN DE LA GIRONDE		
1º Cantal....	Aurillac..	Cantal, mont.
2º Lot......	Cahors..	Lot, R.
3º Corrèze...	Tulle.....	Corrèze, R.
4º Dordogne.	Périgueux	Dordogne, R.
5º Gironde ..	Bordeaux.	Gironde, Fl.
6º Lozère....	Mende....	Monts du Lozère.
7º Aveyron..	Rodez....	Aveyron, R.
8º Lot-et-Garonne	Agen....	Passage des deux R.
9º Tarn.....	Alby.....	Tarn, R.
10º T.-et-Gar.	Montauban.	Passage des deux R.
11º Ariége....	Foix.....	Ariége, R.
12º Hte-Garonne.	Toulouse.	Source de la Garonne.
13º Gers.....	Auch....	Gers. R.
13. BASSIN DE LA CHARENTE		
1º Charente..	Angoul...	Charente, R.
2º Char.-Inf..	La Rochelle.	Embouch. de la Charente.
3º Deux-Sèvres..	Niort....	Pass. des Deux-Sèvres, R.
4º Vendée....	N.-Vendée	Vendée, R.
14. BASSIN DE LA LOIRE		
1º Hte-Loire.	Le Puy...	Source de la Loire.
2º Loire.....	Saint-Etienne.	Loire, Fl.

LEURS NOMS	LEURS CHEFS-LIEUX	LEUR ORIGINE
3º Nièvre....	Nevers...	Nièvre, R.
4º Eure-et-Loir..	Chartres..	Passage des deux R.
5º L.-et-Cher	Blois.....	Passage des deux R.
6º Sarthe....	Le Mans..	Sarthe, R.
7º Mayenne..	Laval....	Mayenne, R.
8º Maine-et-Loire.	Angers...	Jonction des deux R.
9º Loire-Infre	Nantes...	Embouch. de la Loire.
10º Puy-de-Dôme.	Clermont.	Montagnes.
11º Allier.....	Moulins..	Allier, R.
12º Cher.....	Bourges..	Cher, R.
13º Loiret....	Orléans..	Loiret, R.
14º Indre.....	Château.	Indre, R.
15º Indre-et-Loire.	Tours....	Jonction des deux R.
16º Creuse....	Guéret...	Creuse, R.
17º H.-Vienne	Limoges..	Sources de la Vienne.
18º Vienne...	Poitiers..	Vienne, R.
15. BASSIN DE LA VILAINE		
1º Ille-et-Vilaine.	Rennes...	Jonction des deux rivières.
2º Morbihan..	Vannes...	Golfe du Morbihan.
3º Finistère...	Quimper.	Fin de la terre, position.
16. BASSIN DE LA FRANCE		
1º Côtes-du-Nord..	St-Brieuc.	Position.
2º Manche....	Saint-Lô.	Presqu'île dans la Manche.
17. BASSIN DE L'ORNE		
1º Orne......	Alençon..	Orne, R.
2º Calvados...	Caen.....	Rochers du Calvados.
18. BASSIN DE LA SEINE		
1º Côte-d'Or.	Dijon....	Côte-d'Or, Monts.
2º Seine.....	Paris.....	Seine, Fl.
3º Seine-Inf..	Rouen...	Embouchure de la Seine.
4º Aube.....	Troyes...	Aube, R.
5º H.-Marne.	Chaumont	Source de la Marne.
6º Marne....	Châlons..	Marne, R.
7º Seine-et-Marne	Melun...	Jonction des deux R.
8º Aisne.....	Laon.....	Aisne, R.
9º Oise......	Beauvais.	Oise, R.
10º Seine-et-Oise..	Versailles.	Jonction des deux R.
11º Yonne....	Auxerre..	Yonne, R.
12º Eure.....	Evreux...	Eure, R.
19. BASSIN DE LA SOMME		
Somme...	Amiens...	Somme, R.
Corse.....	Ajaccio...	Ile de Corse.

(1) Voir la 2e partie de notre *Géographie-Atlas*.

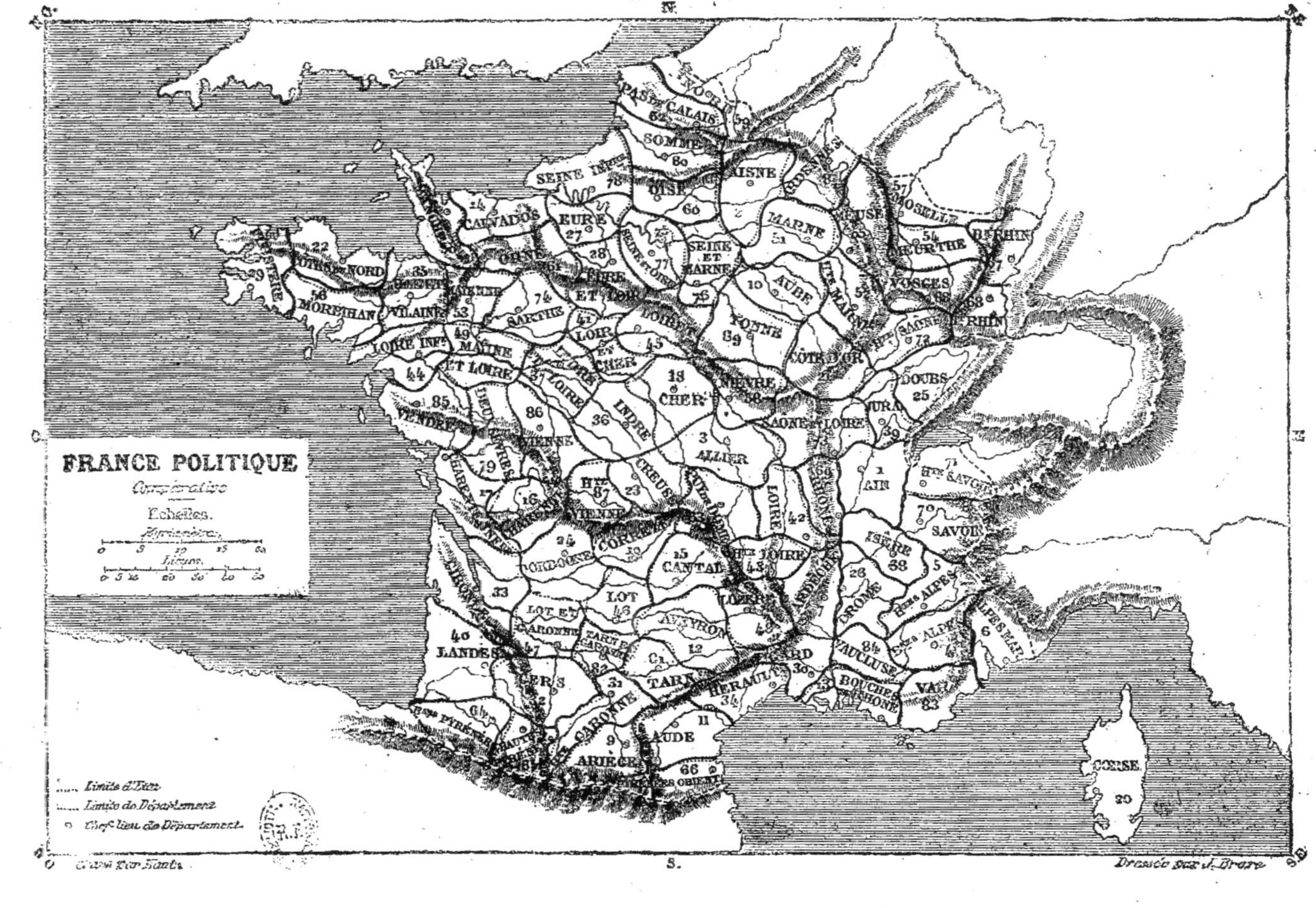

FRANCE POLITIQUE
Comparative
Echelles.
Myriamètres
Lieues.
Limite d'État
Limite de Département
Chef lieu de Département
Dressée par J. Brare

FRANCE POLITIQUE ET ECCLÉSIASTIQUE

1º Chaque département de la France est divisé en plusieurs *arrondissements*. La direction des arrondissements, autres que ceux où se trouve le siège de la préfecture, est commise à des *sous-préfets*. Le chef-lieu d'arrondissement où réside le sous-préfet se nomme *sous-préfecture*.

2º Il y a en France 373 arrondissements et 284 sous-préfectures.

3º Pour le gouvernement des intérêts religieux, il y a en France 17 archevêchés et 69 évêchés qui en relèvent. Les premiers sont indiqués ci-dessous par une ‡, et les autres par une †.

	DÉPARTEM.	CHEFS-LIEUX	SOUS-PRÉFECTURES
1	AIN	Bourg	Belley †, Gex, Nantua, Trévoux.
2	AISNE	Laon	Ch.-Thierry, St.-Quentin, Soissons †, Vervins.
3	ALLIER	Moulins †	Gannat, La Palisse, Montluçon.
4	ALPES (B.)	Digne †	Barcelonnette, Castellane, Forcalquier, Sisteron.
5	ALPES (H.)	Gap †	Briançon, Embrun.
6	ALPES (M.)	Nice †	Grasse, Puget-Théniers.
7	ARDECHE	Privas	Largentières, Tournon, Viviers †.
8	ARDENNES	Mézières	Rethel, Rocroy, Sedan, Vouziers.
9	ARIÉGE	Foix	Pamiers †, Saint-Girons.
10	AUBE	Troyes †	Arcis-s.-Aube, Bar-s.-Aube, Bar-s.-Seine, Nogent-s.-Seine.
11	AUDE	Carcassonne †	Castelnaudary, Limoux, Narbonne.
12	AVEYRON	Rodez †	Espalion, Milhau, St.-Affrique, Villefranche.
13	B.d.RHÔNE	Marseille ‡	Aix ‡, Arles.
14	CALVADOS	Caen	Bayeux †, Falaise, Lisieux, Pont-l'Evêque, Vire
15	CANTAL	Aurillac	Mauriac, Murat, St.-Flour †.
16	CHARENTE	Angoulême †	Barbezieux, Cognac, Confolens, Ruffec.
17	CHAR.-INF.	La Rochelle †	Jonzac, Marennes, Rochefort, Saintes, St.-Jean-d'Angély.
18	CHER	Bourges ‡	St.-Amand, Sancerre.
19	CORRÈZE	Tulle †	Brives, Ussel.
20	CÔTE-D'OR	Dijon †	Beaune, Chatillon-sur-Seine, Semur.
21	CORSE	Ajaccio †	Bastia, Calvi, Corte, Sartène.
22	C.-DU-NORD	Saint-Brieuc †	Dinan, Guingamp, Lannion, Loudéac.
23	CREUSE	Guéret	Aubusson, Bourganeuf, Boussac.
24	DORDOGNE	Périgueux †	Bergerac, Nontron, Riberac, Sarlat.
25	DOUBS	Besançon ‡	Baume-les-Dames, Montbéliard, Pontarlier.
26	DRÔME	Valence †	Dié, Montélimart, Nyons.
27	EURE	Evreux †	Les Andelys, Bernay, Louviers, Pont-Audemer
28	E.-ET-LOIR.	Chartres †	Châteaudun, Dreux, Nogent-le-Rotrou.
29	FINISTÈRE	Quimper †	Brest, Châteaulin, Morlaix, Quimperlé.
30	GARD	Nimes †	Alais, Uzès, Le Vigan.
31	GARONNE(H	Toulouse ‡	Muret, St.-Gaudens, Villefranche.
32	GERS	Auch ‡	Condom, Lectoure, Lombez, Mirande.
33	GIRONDE	Bordeaux ‡	Bazas, Blaye, La Réole, Lesparre, Libourne.
34	HÉRAULT	Montpellier †	Béziers, Lodève, St.-Pons.
35	ILLE-ET-V.	Rennes ‡	Fougères, Montfort, Redon, St.-Malo, Vitré.
36	INDRE	Châteauroux	Issoudun, La Châtre, Leblanc.
37	I.-ET-LOIRE	Tours ‡	Chinon, Loches.
38	ISÈRE	Grenoble †	La Tour-du-Pin, St.-Marcellin, Vienne.
39	JURA	Lons-le-Saunier	Dôle, Poligny, St.-Claude †.
40	LANDES	Mont-d.-Marsan	Dax, St.-Sever, Aire †,
41	LOIR-ET-C.	Blois †	Romorantin, Vendôme.
42	LOIRE	St.-Etienne	Montbrison, Roanne.
43	LOIRE (Hte)	Le Puy †	Brioude, Issengeaux.
44	LOIRE-INF.	Nantes †	Ancenis, Châteaubriand, Paimbœuf, Savenay.
45	LOIRET	Orléans †	Gien, Montargis, Pithiviers.
46	LOT	Cahors †	Figeac, Gourdon.
47	L.-ET-GAR.	Agen †	Marmande, Nérac, Villeneuve-d'Agen.
48	LOZÈRE	Mende †	Florac, Marvejols.
49	MAINE-ET-L	Angers †	Baugé, Beaupréau, Saumur, Segré.
50	MANCHE	Saint-Lô	Avranches, Cherbourg, Coutances †, Mortain, Valognes.
51	MARNE	Châlons-s.-M. †	Epernay, Reims ‡, Ste-Menehould, Vitry-le-Français.
52	MARNE (H.)	Chaumont	Langres †, Vassy.
53	MAYENNE	Laval †	Château-Gonthier, Mayenne.
54	MEURTHE	Nancy †	Château-Salins, Lunéville, Sarrebourg, Toul.
55	MEUSE	Bar-le-Duc	Commercy, Montmédy, Verdun †.
56	MORBIHAN	Vannes †	Lorient, Ploërmel, Pontivy.
57	MOSELLE	Metz †	Briey, Sarreguemines, Thionville.
58	NIÈVRE	Nevers †	Château-Chinon, Clamecy, Cosne.
59	NORD	Lille	Avesnes, Cambrai ‡, Douai, Dunkerque, Hazebrouck, Valenciennes.
60	OISE	Beauvais †	Clermont, Compiègne, Senlis.
61	ORNE	Alençon	Argentan, Domfront, Mortagne, Séez †.
62	P.-D-CALAIS	Arras †	Béthune, Boulogne-s.-Mer, Montreuil, St.-Omer, St.-Pol.
63	PUY-DE-D.	Clerm.-Fer. †	Ambert, Issoire, Riom, Thiers.
64	PYRÉN. (B.)	Pau	Mauléon, Oloron, Orthez.
65	PYRÉN. (H.)	Tarbes †	Argelès, Bagnères.
66	PYRÉN. (O.)	Perpignan †	Céret, Prades.
67	RHIN (Bas.)	Strasbourg †	Saverne, Schelestadt, Wissembourg.
68	RHIN (Haut)	Colmar	Altkirch, Belfort.
69	RHÔNE	Lyon †	Villefranche.
70	SAVOIE	Chambéry ‡	Albertville, Moutiers †, St.-Jean-de-Maurienne †.
71	SAVOIE (H.)	Annecy †	Bonneville, St.-Julien, Thouars.
72	SAÔNE (H.)	Vesoul	Gray, Lure.
73	S.-ET-LOIRE	Mâcon	Autun †, Chal.-s.-Saône, Charolles, Louhans.
74	SARTHE	Le Mans †	La Flèche, Mamers, St.-Calais.
75	SEINE	Paris ‡	St.-Denis, Sceaux.
76	SEINE-ET-M	Melun	Coulommiers, Fontainebl., Meaux †, Provins.
77	SEINE-ET-O	Versailles †	Corbeil, Etampes, Pontoise, Mantes, Rambouillet.
78	SEINE-INF.	Rouen ‡	Dieppe, Le Havre, Neufchâtel, Yvetot.
79	SÈVRES (D.)	Niort	Bressuire, Melle, Parthenay.
80	SOMME	Amiens †	Abbeville, Doullens, Montdidier, Péronne.
81	TARN	Alby ‡	Castres, Gaillac, Lavaur.
82	TARN-ET-G.	Montauban †	Castel-Sarrazin, Moissac.
83	VAR	Draguignan	Brignolles, Toulon, Fréjus †.
84	VAUCLUSE	Avignon ‡	Apt, Carpentras, Orange.
85	VENDÉE	Napoléon-Vend.	Fontenay, Sables-d'Olonne, Luçon, v.p.†.
86	VIENNE	Poitiers †	Châtellerault, Civray, Loudun, Montmorillon.
87	VIENNE (H.)	Limoges †	Bellac, Rochechouart, St.-Yrieix.
88	VOSGES	Epinal	Mirecourt, Remiremont, St.-Dié †.
89	YONNE	Auxerre	Auxerre, Avallon, Joigny, Sens ‡, Tonnerre.

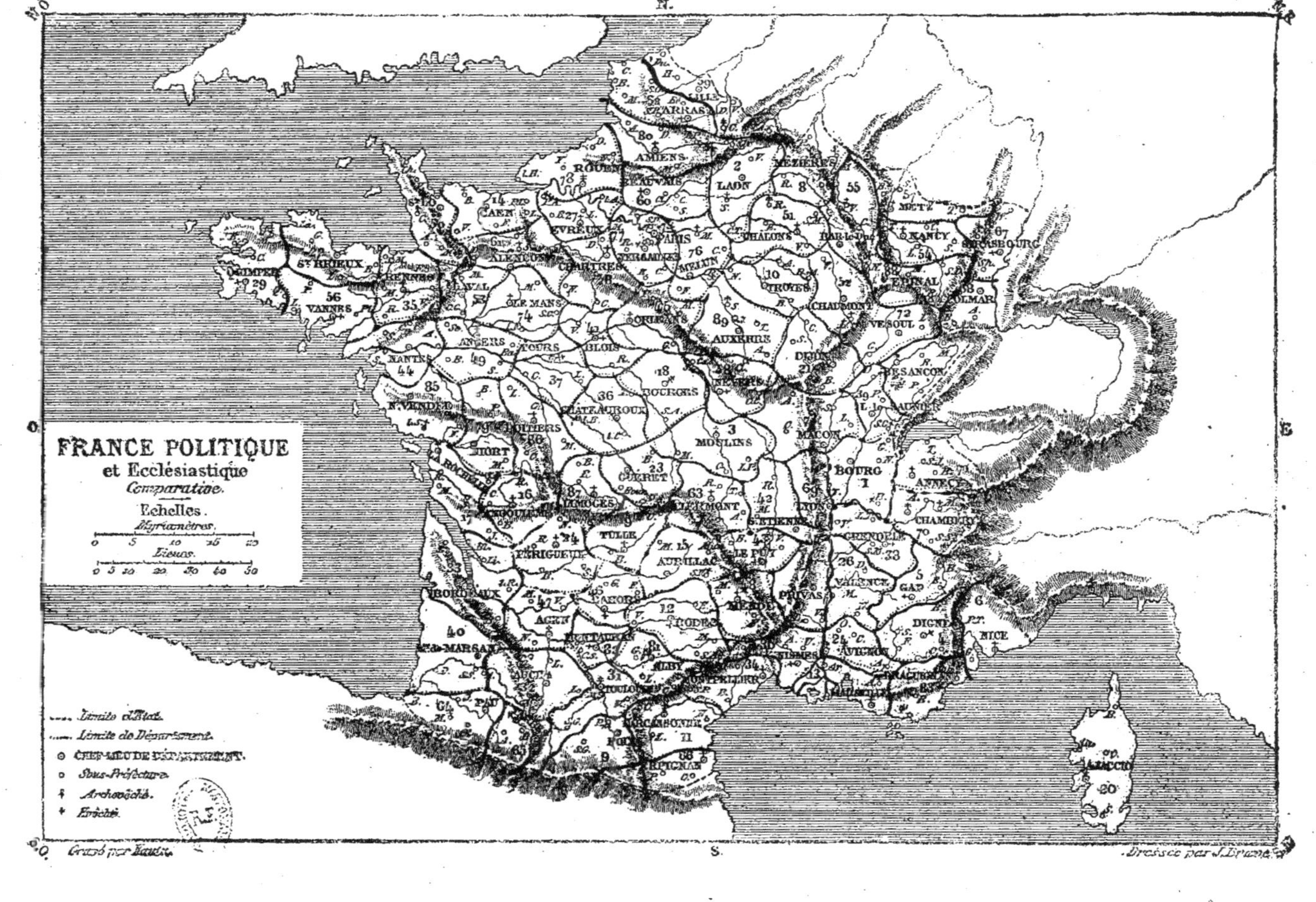

FRANCE POLITIQUE
et Ecclésiastique
Comparative.
Echelles.
Myriamètres.
Lieues.
Limite d'État.
Limite de Département.
CHEF-LIEU DE DÉPARTEMENT.
Sous-Préfecture.
Archevêché.
Évêché.
Gravé par Hautin.
Dressée par J. Dyonnet.

Ces deux cartes ont été composées expressément pour notre Histoire Sainte des Examens dans laquelle elles se trouvent insérées, ainsi que dans notre première Histoire Sainte.

Elles contiennent l'indication des lieux les plus remarquables cités dans l'Ancien Testament et peuvent être consultées pour l'étude de *toutes* les Histoires Saintes en usage dans les classes.

On fera bien de faire reproduire souvent ces cartes par le calque, afin de graver plus facilement dans la mémoire des enfants le nom et la position des endroits où se sont accomplis les grands événements de l'Histoire Sacrée. C'est à cet effet qu'elles ont trouvé leur place ici.

AF250890

crainte de réveiller les pensionnaires et les infirmiers; je monte par dessus un lit qui était vacant, en face de la croisée par laquelle j'avais essayé de sortir. Je mis mes pieds sur le haut de la tête de la couchette; j'attachai le bout de ma pelotte de padou à un des barreaux de cette croisée, et je laissai ma pelotte sur la croisée et passai mon habit entre deux barreaux; ensuite je passai mon corps au-dessus de la pointe des barreaux, et quand mon corps fut passé en dehors de la croisée, je me laissai glisser, tenant les barreaux dans ma main. Lorsque j'eus la pointe des pieds sur le bord de la croisée, je mis mon habit sous mon bras, et je fis défiler ma pelotte de padou jusqu'au bas de la voûte; sitôt qu'elle fut défilée, je me suspendis à ma corde de padou, qui cassa aussitôt, et je tombai au moins de quinze à vingt pieds de haut sur le pavé, comme une masse. Je me relevai aussitôt que je fus tombé, la main gauche tout ensanglantée, et le talon gauche bien fatigué. Je ramassai ma pelotte de padou, comptant qu'elle me servirait encore pour sauter un mur de douze à quinze pieds de haut, pour me trouver dans un jardin; mais heureusement pour moi, une petite porte de ce jardin s'est trouvée ouverte. Je sortis par cette porte, et suivis le long du mur des bâtimens de la

basse-cour, par dedans le jardin. Dans l'en-
l'encoignure dudit jardin, il y avait une
porte qui était scellée, qui séparait le jardin
d'avec la basse-cour; je montai après cette
porte; je parvins à attraper le haut du mur,
d'où je sautai, et me trouvai sur le bord de
la route, où je me suis fait autant de mal
au talon droit, que je m'en étais fait au talon
gauche; je me relevai de suite, et j'allai
jeter ma pelotte de padou à la rivière. Je
vins passer à Bercy; à deux heures du
matin j'étais sur la place du Carousel; je fis
neuf lieues à pied, souffrant le martyr par
ma chute et mes blessures : je ne pus aller
coucher que chez M. Vallin, à Triel.

Dans la nuit, j'eus une fièvre terrible;
heureusement pour moi que Mme Vallin, la
bru, eut la bonté, le lendemain matin, de
me laisser monter dans sa voiture avec elle;
elle me conduisit jusqu'à ma porte, où j'arrivai le 26 septembre 1826. J'entrai de suite
chez moi. Je passai le reste de la journée
dans les douleurs, les souffrances et des in-
quiétudes terribles, de ne pas retrouver
tout ce que j'avais laissé lors de mon injuste
arrestation. Sitôt que j'aperçus ma malheureuse fille, je lui demandai où était sa
mère; elle me répondit qu'elle était morte;
et cela était faux. En entrant chez moi, je
ne trouvai que ma domestique et plusieurs

personnes qui étaient à boire dans mon café.

Je dis de suite à ma domestique de ne rien servir à qui que ce soit, que ce qu'il y avait présentement sur les tables, attendu que je ne voulais pas que l'on vendît rien avant que je n'aye vu en quel état était ma maison depuis mon absence. Je restai alors tranquille, sans aller chez qui que ce soit, car je souffrais trop de ma chute et de mes blessures.

J'envoyai ma domestique chercher Paris, le perruquier, pour me raser ; et lorsque je le fus, je fis mettre des draps blancs à mon lit, croyant passer une nuit paisible et tranquille et jouir du repos qui m'était si nécessaire.

Mais quel malheur ! le soir, environ une heure après que mes contrevents et mes portes furent fermés, l'on vint frapper à ma porte sur la place ; j'eus le malheur d'ouvrir ; dès que ma porte fut ouverte, un nommé Descombre, gendarme, accompagné d'un autre, ledit Descombre se jeta sur moi en me disant : scélérat ! nous te tenons. Je lui répondis, scélérat toi-même ! dis, à qui ai-je fait du mal ? et ils me culbutèrent dans le bas de mon escalier, firent tomber un chandelier que je tenais à la main, et la chandelle se trouva éteinte. Ils me sortirent en me culbutant hors de chez moi ; j'aperçus

M. Poulain, maire de Meulan, comme les gendarmes me culbutaient, leur disant tenez-le bien, ne le lâchez pas ; au même instant ils m'enlevèrent les deux pieds en l'air, et me transportèrent ainsi de cette manière, jusque dans le fond du cachot, et sitôt que je fus dans le cachot, il dit aux gendarmes, fouillez-le bien et ne lui laissez rien.

Ils me retirèrent mon épingle d'or qui était à ma chemise, la clef de mon secrétaire, celle de mon armoire et de mon comptoir, ainsi que d'une petite montre qui m'a paru être d'or, qui était suspendue à côté d'une des glaces où couchaient ma domestique et mes enfans ; ainsi qu'un peu d'argent que j'avais dans ma poche. J'ai passé la nuit la plus triste qu'on ne pût jamais voir. J'ai prié le geôlier de me donner une botte de paille fraîche pour me coucher ; il n'a pas eu l'humanité de me la donner. Dans la nuit la fièvre s'empara de moi, et pas une goutte d'eau pour me rafraîchir. Quand ce fut le lendemain matin, sur les six heures, Veaudin, le geôlier, vint ouvrir le guichet du cachot, et me dit: Ne fais pas de bruit, à huit heures précises tu vas rentrer chez toi ; cela me contenta, malgré la mauvaise nuit et les souffrances que j'avais endurées. Mais à huit heures, comme on me l'avait promis, les gendarmes se présentèrent dans mon cachot, me mirent les fers aux bras, et me lièrent comme un criminel et me conduisirent dans la prison de Saint-Germain, chez Thiery, geôlier, et je ne pus pas rentrer chez moi. Je couchai donc une nuit à Saint-Germain, et le lendemain les gendarmes de Saint-Germain me conduisirent à Nanterre, attaché avec un jeune homme qui avait aussi les fers au bras. Les gendarmes de Nanterre nous les laissèrent encore jusqu'à Neuilly, où on nous les ôta, et l'on me fit monter à côté d'un cocher de cabriolet, sur le siége, et les deux gendarmes dans la voiture, sur la banquette de devant, et me conduisirent dans une prison de Paris, où il pouvait y avoir trente à quarante prisonniers.

Le soir, on vint m'appeler, et l'on me fit monter dans une voiture, et une demoiselle à côté de moi, qui resta dans la voiture jusque hors de Paris, où on la fit descendre dans une maison sur la gauche de la route; l'homme qui nous conduisait dit au cocher: Arrêtez là. Quand il fut descendu, il dit à cette demoiselle, descendez, et la fit entrer dans la maison avec lui. Pendant tout ce temps, je restai dans la voiture, la portière ouverte, et je ne cherchai aucunement à me sauver. Il revint un quart-d'heure après, remontant dans la voiture, et me reconduisit à Charenton, où nous arrivâmes entre huit et neuf heures du soir. Quand je fus entré, ils me fouillèrent pour voir ce que j'avais sur moi, et firent un état des habillemens que je portais, et quatorze sous qui me restaient, que Veaudin, le geôlier, m'a remis le matin dans le cachot, quand j'eus les fers au bras, me disant : Voila quarante sous que je te redois, qu'il mit dans la poche de mon gilet, avant que l'on me fasse monter dans le cabriolet.

D'après cela ils me firent entrer dans un corridor, chez Yvert, infirmier, dans une chambre où il y avait quatre pensionnaires qui n'avaient pas leur raison, et dont la fenêtre était grillée de deux rangées de barreaux de fer en face l'un de l'autre. J'ai passé quelques jours dans cette chambre, dont le corridor me déplaisait le plus de toute la maison de santé de Charanton. Je les priai de me changer de corridor ; ils m'ont toujours refusé.

Cependant, un jour que les chirurgiens vinrent faire leurs visites dans le chauffoir, et que j'étais à table en train de déjeuner ; je me levai de dessus le banc, les priant de me faire avoir ma liberté, ou de me changer de corridor. Pendant que je leur parlais, j'aperçus un pensionnaire qui buvait mon vin ; je fus pour lui retirer mon gobelet ; il me donna un coup de poing dans la figure ; je fus tout ensanglanté : je leur dis : Voyez donc, messieurs, la malheureuse position où je suis, d'être maltraité sans l'avoir mérité. Ce fut la cause qu'ils me firent changer de corridor; ils me remirent dans celui de Saint-Michel, d'où je m'étais sauvé pour retourner chez moi.

Je passai quelque temps dans ce corridor, sans pouvoir obtenir ma liberté. Dans l'hiver, on fit un changement dans ce corridor ; on retira toutes les cloisons et les couchettes, qui étaient remplies de punaises.

Je ne dormais pas deux heures de la nuit, tant j'étais tourmenté de ces insectes ; je fus bien content lorsque l'on retira toutes ces malpropretés, dont j'avais été tant tourmenté. Pendant le temps qu'ils firent le changement de ce corridor, ils firent ouvrir une croisée sur la route, dans le bout du corridor, y firent construire une chambre, et une autre croisée pour pouvoir voir les pensionnaires d'un bout à l'autre de ce corridor; ils me firent changer mon lit de place, où j'étais au n° 8, pour me mettre coucher sur une paillasse et un matelas, tout près de la fenêtre qui faisait face à la route, et dont les châssis n'étaient pas encore posés; lorsque les croisées furent mises et que les peintres eurent fini leur ouvrage, l'on y fit mettre des couchettes très-propres et des couvertures neuves. Après avoir éprouvé tant de désagrémens, sans oser rien dire, et que tout fut bien propre et bien sec, ils me firent changer de corridor; ils me conduisirent chez Commun, prémier infirmier, dans une chambre, la plus proche des commodités, dont j'avais à endurer la maùvaise odeur, ne pouvant obtenir ma liberté.

Environ trois semaines avant que l'on me transférât à Rouen, par un nommé Laporte, infirmier, qui me promettait de me conduire chez moi, me disant de jour en jour qu'avant il fallait que nous allassions ensemble à Rouen, qu'il avait de l'argent à recevoir dans cette ville, et quand il l'aurait reçu, qu'il m'en prêterait si j'en avais besoin, et qu'il payerait pour moi toute la dépense que nous ferions ensemble pour faire la route de Paris à Rouen, et ma place dans la diligence.

Le soir que nous partîmes de Charenton, le matin, il s'en vint dans la chambre où j'étais depuis que l'on m'avait changé de corridor; il me dit : Tenez-vous prêt; c'est aujourd'hui que nous allons partir pour aller à Rouen, parce que nos deux places dans la diligence sont payées. J'étais content d'aller à Rouen avec lui, comptant que je pourrais y voir mon cousin le Normand, négociant, et plusieurs autres de mes amis qui m'ont fait l'honneur, avant mon injuste arrestation, d'aller le voir à Rouen, et d'y passer quelques jours, et quand nous sortîmes de cette maison de Charenton, les derniers jours d'octobre (1827), sur les trois heures de l'après-midi, quand nous fûmes sortis de la grille de la cour de cette même maison, il y avait un cocher et une voiture qui nous attendaient pour nous conduire à Paris, afin de prendre la diligence pour nous conduire à Rouen.

Quand je fus monté dans la voiture à la grille, et que la voiture fut en train de marcher, le Judas de Laporte, qui me trahissait, se mit à dire : Nous voilà pas moins partis. Quand nous fûmes descendus de la voiture, à Paris, il se mit à dire : Allons chercher la casquette qui vous a été promise, chez le chapelier de la maison : je lui répondis : Je l'ai bien gagnée.

Quand nous fûmes chez le chapelier, la casquette qui me convenait n'était pas finie; il nous promit de nous l'envoyer avant que la diligence ne partît ; nous sortîmes de chez lui; le Judas qui me trahissait me dit : Il nous faut souper, avant que de monter en diligence.

Je lui répondis, comme vous voudrez. Il me demanda alors ce que je voulais manger ; je lui dis, ce que vous voudrez. Il fut chercher des côtelettes de porc frais et un morceau de jambon ; la boutique du marchand de vin était déjà éclairée quand nous entrâmes.

Pendant le temps qu'il alla chez le charcutier, je sortis à la porte pour voir s'il venait, craignant de me trouver en affront chez le marchand de vin, n'ayant pas d'argent; sitôt qu'il fut revenu, nous nous mîmes à souper; nous bûmes une bouteille de vin à notre souper. Quand il eut payé la bouteille de vin et le pain : il dit, Il faut aller prendre une demi-tasse; je lui dis que je ne m'en souciais pas; il me dit : Si vous avez peur de rester en affront, voilà vingt sous, vous allez la payer vous-même. Quand j'eus la pièce de vingt sous, je me décidai donc à aller au café prendre chacun une demi-tasse, et ce fut moi qui payai. En m'adressant à la limonadière, je lui demandai combien il lui étoit dû; elle me dit dix-huit sous; je lui donnai donc ma pièce de vingt sous, et elle me rendit deux sous que je mis dans ma poche, après cela nous marchâmes bon pas pour ne pas manquer la diligence. Quand nous entrâmes dans la cour du bureau des diligences, les postillons étaient déjà montés à cheval ; de suite on nous fit monter. Quand je fus entré dans la diligence, l'on me donna la casquette que le chapelier avait envoyée, comme il nous l'avait promis, et de suite la diligence partit, et nous passâmes par Saint-Denis, de là par Pontoise, de Pontoisé par Bordeaux, de Vigny, où je descendis pendant que l'on changeait de chevaux; j'entrai dans l'auberge de madame Letue, qui était déjà couchée, où j'eus l'honneur de lui parler auprès de son lit; je la priai d'avoir de la bonté pour moi; de faire dire chez moi qu'elle m'avait vu passer en diligence, allant à Rouen avec un nommé Laporte, infirmier, qui me promettait qu'il me reconduirait chez moi aussitôt qu'il aurait touché son argent. Le matin que nous fûmes arrivés à Rouen, que la diligence fut entrée dans la cour du bureau, nous en sortîmes au même instant, nos places ayant été payées d'avance.

Mon conducteur, qui me trahissait, se mit à me dire: Il faut à présent aller boire la goutte. Je le remerciai; je lui dis, je désirerais aller voir mon cousin avant.

Il me fit réponse: Nous irons quand j'aurai reçu mon argent. D'après cela, je me décidai à aller boire la goutte avec lui et un grenadier. D'après nous passâmes le pont pour aller dans le faubourg Saint-Sévère de Rouen. Quand le pont fut passé, j'aperçus l'enseigne d'un perruquier; je lui dis : Je voudrais bien être rasé; il me dit Eh bien, entrons vous faire raser. Quand

je fus rasé, il donna au perruquier deux
pièces six liards pour m'avoir rasé. Quand
nous fûmes sortis de chez le perruquier,
il me dit: Comme nous n'avons pas mangé
depuis Paris, il faut déjeuner avant que
d'aller toucher mon argent. Quand nous
eûmes déjeuné, il me dit : Partons de suite
voir si je recevrai mon argent. Quand j'a-
perçus la barrière pour entrer dans le
faubourg Saint-Sevère, je lui demandai est-
ce que nous ne sommes pas bientôt arrivés?
il me dit : C'est là, voilà la porte. Il sonna
à cette porte; on nous ouvrit. Quand nous
fûmes entrés, il me dit: Attendez-moi chez
le portier. J'y entrai donc; son épouse était
seule. Quand j'aperçus des tas de robes
noires de sœurs, je pensai en moi-même je
suis encore trahi. Je ne voulus pas essayer
de me sauver. Un instant après que je fus
entré, l'infirmier-major vint me trouver
chez la portière, et me dit : Monsieur,
venez avec moi. Je le suivis, et nous traversâmes la même cour qu'avait prise le
Judas qui m'avait trahi, passâmes plusieurs
corridors, et traversâmes encore une autre
cour avant d'arriver à l'enceinte où il y
avait deux portiers. L'infirmier qui me
conduisait fit ouvrir la porte, et me fit
entrer dans l'enceinte avec tous les malheureux qui s'y trouvaient. Aussitôt que

je fus entré, je me mis à crier de toute
ma force : Vengeance sur le Judas de Laporte, qui m'a trahi ! il me promettait de
me reconduire chez moi, et le traître me
fait encore incarcérer ! Quand ma colère
fut passée, je restai tranquille avec les autres pensionnaires. Au bout de quelques
jours, l'on me demanda si je voulais aller
travailler à la buanderie avec les laveuses,
pour tourner la manivelle, pour emplir
les bassins d'eau ; je travaillai donc à cet
ouvrage jusqu'au moment où je me suis
sauvé. Aussitôt que notre ouvrage était
fini à la buanderie, on nous faisait rentrer
dans l'enceinte, où l'on nous enfermait
sous clef. Je ne gagnais pas même un sou
à ce travail. Un jour, étant dans cette enceinte, le portier conduisit des Anglais et
des Anglaises pour nous voir au travers
des barreaux ; un Anglais me dit, Monsieur,
voulez-vous deux sous pour avoir du tabac?
Je lui répondis, Monsieur, je n'use pas de
tabac ; mais puisque vous avez la bonté
de me les donner, je les accepte pour avoir
du fil pour raccommoder mes vêtemens ;
et je les remis aussitôt dans la main du
portier, en le priant de m'acheter pour
deux sous de fil. En effet, deux heures après
il me le remit. Quand ce fut le premier
jour ne l'année, je le priai de me faire

conduire par **un** infirmier chez mon cousin, négociant à Rouen, pour lui souhaiter la bonne année, et à plusieurs autres de mes amis; ils me le refusèrent, et même jusqu'à du papier pour leur écrire. Quand je vis qu'il n'y avait pas plus de justice à mon égard, et qu'on m'avait dépouillé de mes habillemens pour m'en faire prendre d'autres qui étaient ceux de la maison; malgré cela je n'ai pourtant pas éprouvé les mêmes désagrémens qu'à Charenton; car qui que ce soit ne m'a dit une sottise, ni ne m'a menacé de me faire couper les parties.

Néanmoins je ne m'y plaisais pas; par hasard, le 5 janvier 1828, à cinq heures du matin, un infirmier ayant oublié de retirer la clef du dortoir où j'étais couché, je me levai doucement dans la crainte de réveiller mes gardes. J'essayai de monter à de petits peupliers qui étaient plantés à trois pieds du mur qui entoure les bâtimens; j'essayai de monter sur le premier, mais je ne pus y réussir; j'essayai par trois fois, mais je n'eus pas un meilleur succès. Une sueur froide me couvrit tout le corps, dans la crainte d'être découvert et d'être plongé dans un cachot pour avoir voulu me sauver. Quand mes sens furent un peu rassis, je repris un peu courage et je remontai pour la cinquième fois après un peuplier, et pour cette fois je parvins à monter sur le mur sur lequel je sautai, après avoir atteint le chaperon d'une main. Lorsque j'y fus, j'écoutai un instant pour voir s'il n'y avait personne au pied pour m'arrêter, lorsque je serais sauté. Quand j'eus sauté, je fus joindre la route de Caën qui va par le Pont-Audemer. La pluie et la neige vinrent à tomber en si grande quantité, que je fus traversé jusqu'à la peau. Cela ne m'empêcha pas de marcher le plus fort que je pus. Je n'avais pas un sou dans ma poche, quand je fus près d'arriver à un village appelé la Grand-Couronne, la neige se mit à tomber comme jamais je ne l'avais vue ; c'est pourquoi j'entrai dans la maison d'un boucher au village du Grand-Couronne. J'y aperçus une brave femme qui travaillait auprès de son feu ; je la priai de vouloir bien me laisser approcher du feu pour me sécher. Pendant que je me chauffais avec elle, je lui racontai en pleurant mes peines et mes malheurs. Dans ce moment son fils vint à entrer. Il me demanda de quel pays j'étais. Je lui dis que j'étais domicilié à Meulan, au café de la Paix, et ma boutique d'orfévrerie à côté. Il me dit qu'il connaissait ma maison, ce qui me fit un sensible plaisir. Il prit part à mes peines, mit des côtelettes sur le gril, et je déjeunai avec eux. D'après cela je les priai de m'acheter une paire de boucles de jarretières d'argent, ornées de pierres, que l'on avait oublié de me retirer lorsqu'on me mit coucher au cachot à Meulan. Quand je fus près de partir, le fils me demanda à voir mes boucles; je les lui montrai. Il me demanda combien je voulais les vendre. Je lui dis : donnez-m'en ce qui vous fera plaisir. Non, me répondit-il, dites-moi votre prix. Obligez-moi seulement, lui dis-je, de m'en donner 3 francs, afin que je puisse me rendre chez moi dans le pays où je suis né. Dès qu'il m'eut donné les 3 francs, je le remerciai de toutes les bontés qu'il avait eues pour moi. Je me mis alors en route par la continuation du mauvais tems, et j'arrivai le soir à deux lieues du Pont-Audemer, où j'entrai dans une petite auberge sur la gauche de la route, où je demandai pour deux sous de pain, six liards de cidre et six liards de fromage. Après que j'eus payé mes cinq sous de dépense, je me décidai à faire les deux lieues de gorges pour arriver au Pont-Audemer, où j'arrivai sur les neuf heures et demie du soir. Je traversai le Pont-Audemer, et je fus joindre la porte de Lisieux, où j'avais encore deux lieues de gorges sans trouver aucune maison sur la route. Quand j'eus fait ces deux lieues de gorges , je ne rencontrai qui que ce soit, à deux lieues de distance. J'aperçus quelques maisons sur la route , mais je n'osais pas frapper, n'ayant pas de papiers, dans la crainte d'être arrêté. Lorsque je fus encore à deux lieues plus loin , sur les deux heures et demie du matin , j'entendis chanter dans une auberge sur la gauche de la route. Je frappai à la porte, et l'on vint m'ouvrir. Je demandai s'il était possible d'avoir un petit verre d'eau-de-vie. La femme me dit : oui , entrez. Quand je fus entré, je lui demandai aussi pour un sou de pain , et la permission de m'approcher de son feu , dont j'avais grand besoin. Quand je fus bien réchauffé, je me décidai à continuer ma route le restant de la nuit, où j'arrivai le matin à une lieue de Lisieux , où je déjeunai pour huit sous. D'après cela je me remis en route pour Lisieux , où j'arrivai sur les huit ou neuf heures du matin. Lorsque je fus passé Lisieux , je suivis la route de Caën, jusqu'au haut de la côte , d'où l'on compte une lieue. Pensant aller passer par Saint-Pierre sur Dives , étant au haut de la côte , un homme de cet endroit me joignit. Je lui demandai si cet endroit était un canton. Il me dit que oui. Je lui dis : vous avez sans doute des gendarmes dans cet endroit? Il me répondit : il passe rarement quelqu'un sans qu'ils leur demandent leurs papiers. Quand je vis cela, je lui donnai une défaite et retournai sur mes pas, après lui avoir dit que j'avais oublié de voir un de mes amis à Lisieux. Pour éviter les gendarmes, je suivis le chemin de Falaise, le long des blanchisseries, où je ne pus trouver à coucher sur le chemin que vers huit à neuf heures du soir. Je couchai chez un maréchal. Il tomba beaucoup de neige dans la nuit; cela ne m'empêcha pas le lendemain de me remettre en route, et j'arrivai à Mésidan pour y coucher, et cela sans souper. Ayant bien peur d'être arrêté, le lendemain je repartis de grand matin. J'allai jusqu'à Nouvres sans boire ni manger, où je demandai s'il n'y avait pas un perruquier. L'on me dit que oui, que Jean-Louis Hainaut, tisserand, rasait. Je fus alors le trouver dans sa boutique, et il me fit monter dans sa chambre avec lui, et il m'y rasa. Je priai sa mère d'avoir la bonté de me faire une soupe au lait. Elle eut cette complaisance. Lorsque j'eus mangé cette soupe au lait, elle voulut bien, à ma prière, me donner quinze sous, et ne voulut pas accepter mon mouchoir de poche que je lui offrais. Elle ne me prit rien non plus pour la soupe que j'avais mangée, ni pour m'avoir rasé. De là je partis et je m'en fus coucher à Ussi. Dans les deux premières auberges où je demandai à coucher, cela ne me fut pas possible, attendu qu'il n'y avait pas de place. On m'indiqua une auberge au bout du pays, chez un nommé Lejeune, où je demandai à coucher à la maîtresse de l'auberge. Elle me répondit que cela se pouvait. J'entrai dans une salle où elle était ; je m'approchai du feu pour me sécher ; j'ôtai alors mes souliers, croyant coucher dans cette auberge. Pendant que je me chauffais, l'hôte me demanda si j'avais des papiers. Je lui dis que je les avais perdus depuis Mésidan. Comment allez-vous faire? me répondit-elle, le garde-champêtre est de l'autre côté de cette salle ; il va vous arrêter si vous n'en avez pas, et il vous conduira à Falaise. La peur me prit, je remis mes souliers, et je sortis de l'auberge sans rien dire. Je suivis la route du pont d'Ouilly. Quand je fus à peu de distance du village, je rencontrai une personne à qui je demandai combien il y avait encore à faire pour arriver à la première auberge où je pourrais coucher. Il me dit qu'il y avait deux lieues. Je lui demandai s'il n'y avait pas encore un endroit plus près. Il me répondit qu'il y avait la ferme du Pot, où il ne logeait que des malheureux. Je me décidai à m'y rendre, malgré le mauvais chemin qu'il y avait. Quand je fus entré dans cette ferme, j'y trouvai neuf à dix personnes. Je leur demandai s'ils voulaient avoir la bonté de me loger, en payant. Ils me dirent qu'ils ne logeaient que des malheureux qu'ils connaissaient. Ils me demandèrent pourquoi je n'avais pas couché à Ussi. Je leur dis que j'avais perdu mes papiers depuis Mésidan. Ils me répondirent : on pourrait aussi bien vous arrêter ici comme à Ussi. Je leur dis combien il serait malheureux pour moi d'être arrêté, n'étant plus qu'à cinq lieues pour arriver à mon pays. Alors ils me demandèrent de quel pays j'étais. Je leur dis que j'étais de Sainte-Honorine-la-Chardronne, canton d'Athis.

Avant que je partisse à l'armée, ma sœur épousa un nommé Pierre Poisson, qui faisait valoir trois fermes dans la paroisse de Taillebois. Eh bien, me dirent-ils, puisque c'est votre sœur, vous avez un de vos neveux à Ussi, chez la veuve Lacaille, chaufournière. Est-il possible de n'avoir pas su cela quand j'y ai passé! Ils me dirent alors, puisque c'est ainsi, vous allez coucher ici, et demain matin vous irez le voir si vous voulez. Quand le souper fut servi, l'on me fit asseoir au bout de la table, à côté de la maîtresse. Dans la nuit il tomba beaucoup de neige. Le matin, quand je fus levé, j'allai trouver la maîtresse, qui était dans sa cuisine, pour lui demander ce que je lui devais pour mon coucher et mon souper. Elle me dit que ce n'était rien, et ne voulut pas recevoir mon argent, ni la pièce pour la fille, que je voulus lui donner. Je lui demandai quel était le chemin le plus court pour retourner à Ussi et y voir mon neveu. Elle eut la complaisance de me conduire à une grande distance de sa ferme, quoique la terre fut couverte de plus de six pouces de neige. Je m'en fus donc jusqu'à Ussi, où je trouvai mon neveu, qui eut beaucoup de peine à me reconnaître, me croyant mort. Lorsqu'il m'eut reconnu, et que je lui eus conté mes peines et mes malheurs, nous nous mîmes à déjeuner. Je lui dis de prier sa maîtresse d'avoir la bonté de lui permettre de me conduire avec un cheval jusqu'au haut d'Ouilly. Elle le voulut bien. Alors je n'eus plus que deux lieues à faire pour arriver au lieu de ma destination. J'y arrivai dans la nuit, ne voulant pas me montrer le jour avec les habits que j'avais sur le corps, et desquels j'étais honteux, après avoir été toujours très-bien habillé, une montre et une chaîne d'or à mon côté. J'espérais recevoir de l'argent que ma belle-sœur me devait, pour me faire habiller ; mais elle me dit qu'elle avait payé à ma malheureuse femme. Cela me donna beaucoup de peine, ne sachant pas où trouver de l'argent pour me faire habiller. Je m'en fus voir un nommé Rabot, pour lui conter mes peines et mes malheurs , comptant trouver un ami qui a resté chez moi malade pendant trois semaines , à Meulan. Il me dit : nous irons demain voir M. Barabé , homme de loi à Ségri , pour le consulter sur mon malheureux sort. Nous y allâmes effectivement le lendemain. Après que nous l'eûmes consulté , nous fûmes dîner dans une auberge, et là je le priai de me prêter cent écus ; que je lui en payerais l'intérêt ; ce qu'il me promit. Je lui demandai s'il avait du papier marqué chez lui , pour lui en faire une reconnaissance : il me dit que non. Je m'en fus chez M. Barabé, que nous avions consulté. Il me demanda pourquoi était faire ce papier. Je lui dis que c'était pour faire une reconnaissance à Rabot, qui allait me prêter cent écus pour m'habiller. Etant chez M. Barabé , il s'y trouva un homme nommé Mêle , marchand mercier à Ségri , qui me dit : M. Bellanger, puisque vous voulez vous habiller , je vais vous aller chercher du drap , et vous choisirez celui qui vous conviendra. Il m'en fit voir une pièce qui me convint , et le prix aussi. Je lui demandai d'attendre , parce que je ne pouvais pas la prendre maintenant , parce que je n'avais

(31)

pas d'argent, mais que j'allais en parler à
Rabot. Je lui en parlai, et il vint avec moi
chez le marchand voir le drap que j'avais
choisi, et il lui convint aussi. Je fis une le-
vée de ce qu'il me fallait, y compris les dou-
blures. Il y en eut pour une somme de qua-
tre-vingt-onze francs et deux sous, dont il
répondit au marchand, disant que c'était
lui qui le payerait. Il monta alors sur sa
jument, et je lui donnai devant lui le pa-
quet de marchandises ainsi que le papier
pour faire la reconnaissance de l'argent qu'il
devait me prêter. Je m'en fus voir mes amis
avant de sortir de Ségri, pour leur dire
adieu. J'arrivai alors à Taillebois environ
une demi-heure après lui. Sa femme n'é-
tant pas encore rentrée, nous nous mîmes à
souper, et lorsque nous eûmes soupé, je
lui dis : Rabot, donne-moi ta feuille de papier, je vais t'écrire ta reconnaissance. Il
me fit réponse qu'il serait assez tôt le lendemain matin. Lorsque nous eûmes déjeuné,
je lui demandai encore la feuille de papier
pour lui faire la reconnaissance des trois
cents francs que je lui demandais. Son épou e
me répondit : ma foi, non, il n'y a pas besoin de reconnaissance, je vais reporter le
drap au marchand. Je lui dis : comment,
Rabot, toi qui connais tous mes malheurs,
tu me fais un pareil affront? moi qui t'ai

toujours regardé comme un ami! Le chagrin me prit ensuite, je sortis de chez lui, et je retournai à Ségri voir mon neveu et lui conter la sottise que Rabot venait de me faire. Il me dit : nous allons aller chez M. Mêle, le marchand qui m'avait vendu le drap. L. m'acheta une blouse, et me donna un écu de six livres. Le marchand me dit : je n'aurais jamais cru cela de la part de Rabot, d'être capable de vous jouer un tour comme celui-là. De là mon neveu et moi retournâmes chez M. Barabé, lui conter l'affront que Rabot m'avait fait. Il en fut si fâché, ainsi que madame son épouse, qu'il tira sa bourse de sa poche, et me donna deux écus de six francs, en me disant : tenez, M. Bellanger, voilà deux écus de six francs que je vous donne ; vous me les rendrez si vous pouvez. Je les reçus avec reconnaissance ; ensuite je retournai dans mon endroit natal, et le lendemain je fus à Athis commander une paire de souliers, et en même temps j'achetai une feuille de papier pour lever mon extrait de naissance. De là je m'en fus chez M. le maire, qui eut la bonté de me le délivrer. Le lendemain je fus chercher mes souliers, et je partis aussitôt que je les eus payés, pour m'en revenir à Meulan dans mon domicile. Ne connaissant pas le malheur que j'avais d'être interdit, j'arrivai le 22 janvier le soir à Flins, où je soupai, et où l'on me croyait mort aussi. Quand j'eus soupé, aux environs de huit heures et demie du soir, je repartis pour aller jusqu'à Meulan voir un de mes amis. Quand je fus sur le grand pont de Meulan, dix heures du soir sonnèrent, et je fus jusqu'à la porte de mon ami. Je n'aperçus aucune lumière et je n'entendis parler personne. Je n'osais pas frapper, dans la crainte d'être arrêté. Je repassai alors le pont, et je m'en fus coucher à Bouaffle, où j'arrivai un peu après minuit. Le lendemain j'eus l'honneur d'aller voir M. le maire de Bouaffle, celui de Flins et celui des Mureaux, dont je couchai à Flins. De là je m'en allai à Morainvillers, où je couchai deux nuits aussi, et j'y fis faire un pantalon. De là je repartis pour Versailles, où je vins dîner. Ensuite je me décidai à aller à Paris pour voir un de mes braves marchands qui eut la bonté de prendre part à mes malheurs. Il me dit que M. son fils était attaché à la cour royale de Paris, qu'il allait lui écrire de se rendre chez lui ; que si je voulais repasser, je lui conterais ma triste situation. Je ne manquai pas de m'y trouver. Je lui contai ma malheureuse position ; il me dit que cette affaire ne pouvait s'arranger que dans mon

(34)

département. Il me dit : repassez demain matin sur les neuf heures, je vous donnerai une lettre pour quelqu'un de Versailles, qui ira avec vous chez M. le procureur du Roi. J'y fus le lendemain matin, à neuf heures précises ; la lettre était écrite et non cachetée. M. son père m'en fit lecture et la cacheta après. Il me fit l'honneur de me faire déjeuner avec lui, et de là je partis pour Versailles, chez un avoué où j'étais adressé ; puis nous allâmes ensemble voir M. le procureur du Roi, qui prit part à mes peines, puisqu'il ne me fit pas arrêter. Je fixai mon domicile depuis ce tems à Versailles, pour y attendre que mon jugement d'interdiction fût levé et me rendît à la société dont j'étais depuis si long-temps privé sans l'avoir mérité.

Le 15 du mois d'avril 1828, mon jugement fut rendu, et le 18 enregistré et levé le même jour, et le 19 mon passeport me fut délivré, et maintenant je puis voyager avec sûreté, honneur et probité.

Et le 27 avril de la même année, nous allâmes à Meulan, mon avoué, le subrogé-tuteur et moi, voir ma malheureuse femme, comptant qu'elle me redonnerait quelque chose de ce qui m'appartenait. Elle n'eut pas l'humanité de me donner une seule chemise, de cinquante bonnes et belles

que j'avais ; elle ne voulut pas non plus me
rendre mon portrait que je lui demandai ,
dont le médaillon est en or garni de perles
fines : elle me dit qu'elle avait le portrait
d'un honnête homme , et qu'elle voulait le
garder.

Et pour me régayer des malheurs que j'ai éprouvés ,
  Deux couplets de chanson que j'ai composés ,
    Pour les chanter quand je le voudrai ,
    Avec l'agrément de la société.

Braves Français et Françaises, qui m'ont fait avoir
 Ma liberté, marchez à ma voix, volez à la victoire !
    Avec probité , honneur et gaité ,
Vous aurez des victoires dans le ciel et sur la terre. *Bis.*

Braves Français et Françaises , qui m'ont obligé ,
        Marchez à ma voix ,
  Volez à la victoire ! Avec probité , honneur et gaîté ,
Nous aurons des victoires dans le ciel et sur la terre.   *Bis.*

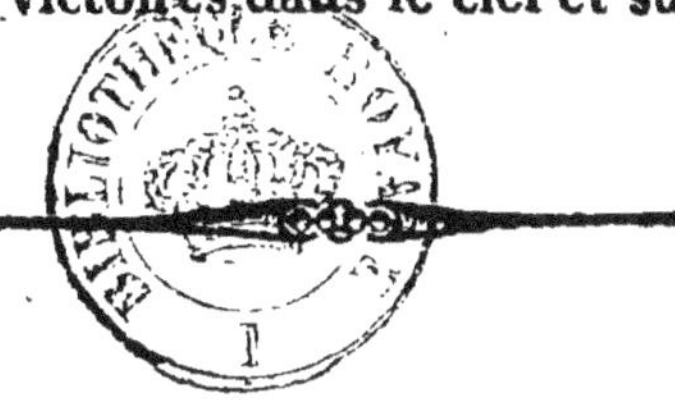

*Imprimé d'après le manuscrit et
selon la volonté de l'Auteur.*

Imprimerie de J.-P. JALABERT, avenue de Sceaux, n° 4.